어느 이상한 동네병원 이야기

제너럴 닥터

제너럴 닥터

2009년 3월 03일 초판 1쇄 인쇄
2009년 3월 10일 초판 1쇄 발행

지은이 김승범, 정혜진
펴낸이 이상규, 김훈태
책임편집 안성진
마케팅 김준엽, 최재범, 박지경
관리 조종환, 손희영
디자인 디자인발전소 02-3143-0511
펴낸곳 이상미디어
등록번호 209-90-85645
등록일자 2008.09.30
주소 서울시 성북구 정릉동 667-1 4층
대표전화 02-913-8888 **팩스** 02-913-7711
E-mail leesangbooks@gmail.com
ISBN 978-89-961680-3-4

어느

이상한

동네병원

이야기

제너럴 닥터

김승범 · 정혜진 지음

이상

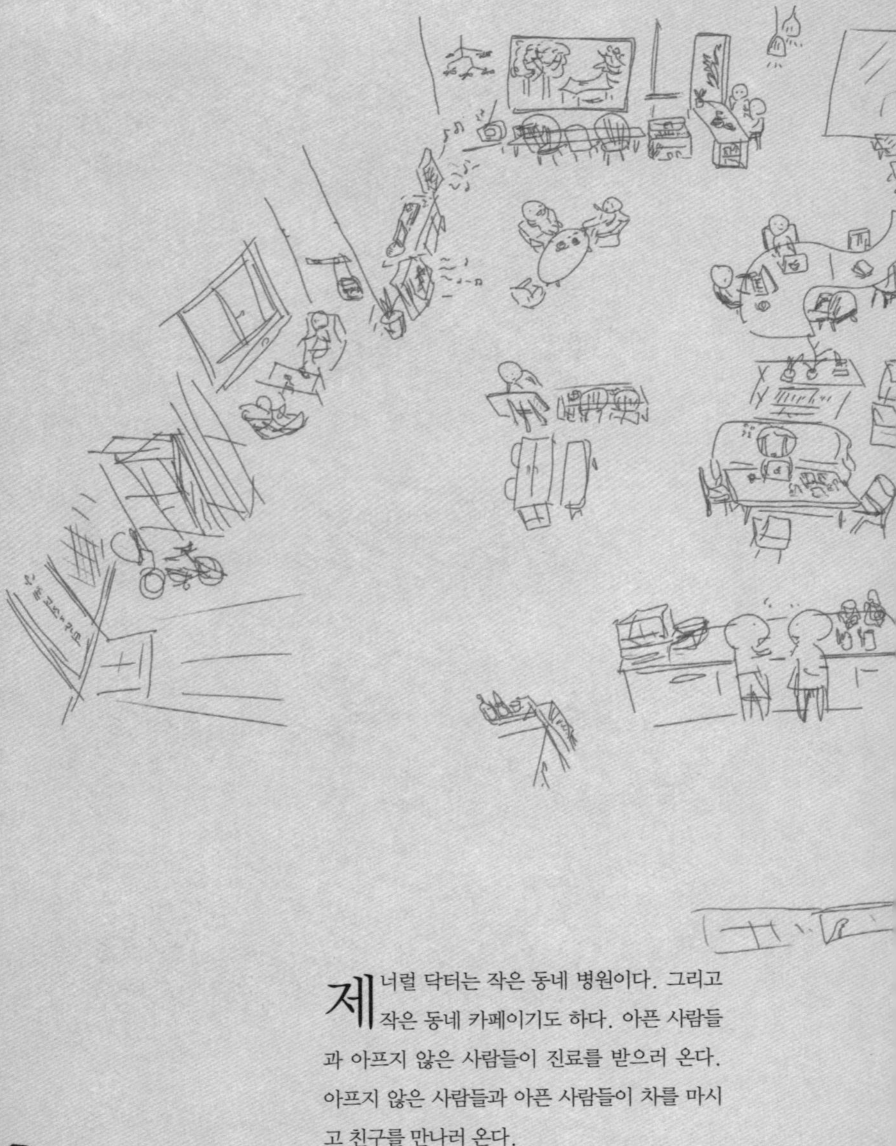

제너럴 닥터는 작은 동네 병원이다. 그리고 작은 동네 카페이기도 하다. 아픈 사람들과 아프지 않은 사람들이 진료를 받으러 온다. 아프지 않은 사람들과 아픈 사람들이 차를 마시고 친구를 만나러 온다.

얼핏 조용하고 편안해 보이는 이곳에서는 매일 시트콤 속의 이야기처럼 많은 일들이 일어난다. 사장을 창피해하는 아르바이트생들과 자신의 정체성에 혼란을 느낄 정도로 여러 일을 하는 의사들이 있다. 그리고 '바둑이'와 '나비'라 불리

프롤로그

는 고양이 두 마리가 무럭무럭 자라고 있다. 많은 사람들이 각자의 사연과 의미를 안고 제너럴 닥터에 왔다가 우연히 만나고 인사하며 친구가 된다. 자연스럽게 같이 밥을 먹고 차를 마시고 불가능할 것 같은 계획을 세우고 용감하게 실천하는 곳이다.

이 책에 실린 제너럴 닥터의 이야기들은 이렇게 시끄럽게 지나간 우리의 하루가 모인 것이다. 아무런 부담 없이 블로그에 올리던 이야기가 책으로 나오는 것에 부담이나 민망함도 있다. 하지만 하루하루 사람 냄새 풍기며 진정한 소통을 위해 노력하는 동네 병원이 있다는 것을 보여주고 싶다. 그래서 제너럴 닥터에서의 하루는 언제나 새롭고 활기차다.

2009년 2월, 김제닥과 정제닥

차례

후다닥

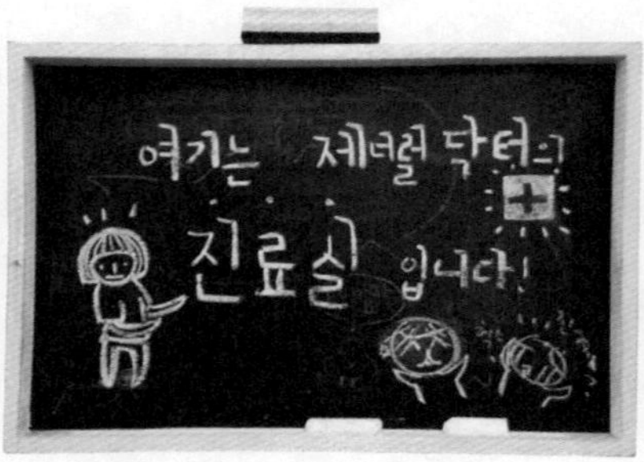
여기는 제너럴 닥터의
진료실 입니다!

제너럴 닥터의 시작 ❶

내가 하는 많은 일이 그렇듯이, 제너럴 닥터도 어느 순간 갑자기 떠오른 생각에서 시작되었다. 공중보건의 3년차였던 2006년의 가을 어느 날, 나는 신촌길을 혼자 내려가고 있었다. 이 길은 입학하기 전부터, 그리고 졸업한 뒤에도 오랫동안 수없이 오갔으며 그만큼 많은 추억이 서려 있는 곳이다.

연고전 때는 길을 막고 아카라카와 기차놀이를 하며 친구들과 어울려서 놀기도 했고, 본과 1학년에 올라간 지 며칠 되지 않은 어떤 날에는 짧은 점심시간에 의대 안에서 끼니를 해결해야 하는 게 너무도 견디기 힘들어 신촌역 앞에 있는 맥도널드에서 햄버거를 먹어보겠다고 미친 듯이 뛰어가기도 했다. 다시 숨을 헐떡이며 들어와서는 바깥 구경을 하고 돌아온 것에 대해 무슨 무용담이라도 되는양 자랑하기도 했었다.

그날도 평소와 다름없이 여러 생각에 잠긴 채 혼자 길을 내려가고 있었다. 너무 생각이 많아서 아무 생각도 없는 것처럼 느껴졌는지도 모른다. 아마 그때 가장 깊이 생각하던 것은, 그 무렵 동아리 후배 녀석이 감기에 걸리고도 근처에 병원이 없어 이러지도 저러지도 못하고 콧물만 흘리던 것을 보고 나눈 대화였던 것 같다.

길을 중간쯤 내려갔을까. 머릿속에서 어지럽게 흩어져 있던 생각들이 하나로 이어지면서 갑자기 어떤 생각이 떠올랐다.

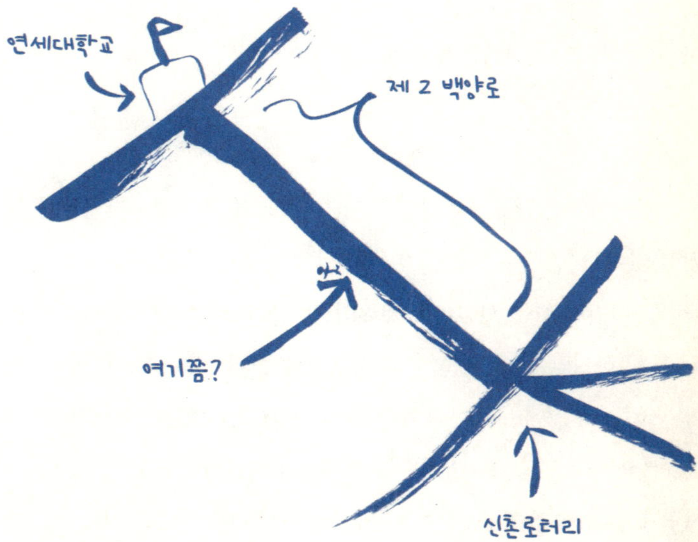

옛날 옛적의 아르키메데스처럼 유레카를 외치며 길을 뛰어가지는 않았지만 분명히 이런 느낌이었다.

돌이켜보면 꽤 당연한 생각의 흐름이었다.

이 길은 참 길다→내 후배도 그렇고 나도 그랬다. 여기서 병원까지 가려면 이 긴 길을 내려가야 하지. 여기엔 병원이 없으니까→왜 병원이 없지?→젊은 사람들은 병원에 잘 안 가서, 병원이 장사가 안 되니까→하지만 젊은 사람들도 병원이 가끔은 필요하잖아. 사람인데… →그래, 하지만 이 길에 그냥 병원을 해서는 충분한 수익은 못 낼 거야→그럼 이 길에서 충분한 수익을 내는 건 뭐가 있지? (주위를 둘러봤다)→카페가 정말 많구나! 카페는 거의 모든 건물에 하나씩은 있잖아. 저렇게 많다는 건 충분한 수익이 난다는 거겠지? 아니면 적어도 그만큼 젊은 사람들이 간다는 거잖아!→카페는 왜 가지? 거기에서 뭘 하는 거지?→아무 일도 하지 않아. 그저 앉아만 있어도 되잖아. 수다를 떨어도 되고, 책을 봐도 되고, 그냥 혼자 앉아 있어도 돼. 많은 이유가 있지만 가장 큰 이유는 '그냥' 가는 거야→그럼 병원이 카페라면? 아니, 카페가 병원 기능을 한다면?→일단 정상적인 카페의 기능만 해도 임대료 정도는 낼 수 있겠지→그리고 환자가 상대적으로 적다 하더라도 진료만 소신껏 하면 충분히 살아남을 수 있을 거야. 오히려 여기서 주로 생활하는 사람들의 불편을 해소하고, 젊은 사람들이 병원을 불신하거나 싫어하는 것도 완화할 수 있을 거야. 이런 지역에서 '그냥 내과'는 개원할 수 없다는 인식을 깰 수 있을 거야.

써놓고 보니 좀 긴 것 같지만, 사실 저 생각들은 거의 몇 걸음 되지 않는 짧은 시간 동안 머릿속에서 스쳐 지나갔다.

그게 시작이었다. 그날의 기분 좋은 느낌을 아직 기억한다. 그렇게 시작된 생각은 사라지지 않고 내 노트북 속 작은 폴더에서 잠자고 있다가 2007년, 공중보건의를 마칠 무렵의 1월에 다시 한 번 어떤 일을 계기로 현실이 되었다.

제너럴 닥터 이전 모습.
온통 당구장 표시가 가득하다.
홍대앞을 주름잡던 '형님'들께서 레저생활을 즐기는
아지트가 아니었을까. 낡고 다소 무섭기까지 한 당구장은
2007년 5월 제너럴 닥터로 변신했다.

제너럴 닥터의 불친절한 간판.
워낙 건물이 낡은데다가 간판이 눈에 띄지 않고,
주차장 같은 제너럴 닥터의 입구는 다소 황량해 보인다.
사람들이 어떻게 알고 이곳까지 찾아오는지 신기할 뿐이다.

왼쪽) 제너럴 닥터의 출입문이다.
오래된 느낌의 글씨체를 사용하여
'차가운 세련'보다는 '따뜻한 예스러움'을 택했다.

오른쪽) 글씨를 없애고 사용했던
첫 번째 간판은 이렇게 파란 잔 속의 십자가였다.
파란 매직으로 슥슥 칠했던 것.

따뜻한 날 창가 자리에서 이 풍경을
보고 있으면 한없이 마음이 편안해진다.

겨울 창가에서 바라본 모습이다.
어둡고 춥고 긴 겨울을 튼튼하게 버티고 있는
나무들은 봄이 멀지 않았음을 알고 있는 것이다.

병원에 사는 고양이들을 위한 변명

바둑이와 나비는 아마도 거의 유일하게 병원에서 사는 고양이일 것이다. 병원에서 고양이를 키우지 않는 데는 몇 가지 이유가 있다. 그 중 대표적인 이유는 털이 매우 많이 날린다는 것, 통제가 어렵고 고양이를 무서워하는 사람도 있다는 것, 그리고 알레르기가 있는 사람들도 꽤 있다는 것이다. 한 마디로 병원이 위생적이고 환자들에게 신뢰감을 주려면 고양이 같은 반려동물은 잘 어울리지 않는다는 말이다.

하지만 우리는 '환자들에게 신뢰감을 주는 단정한 이미지'라는 기존 병원의 고정관념에서 한 발 비켜나 있다. 그러다보니 고양이가 있다는 사실만으로 오히려 좋은 결과를 낳곤 한다.

보통 환자들은 아파서 병원을 찾기 때문에 진료를 하면 아픈 것에 대해 계속 이야기하며 무거운 분위기가 되기 쉽다. 그런데 고양이 덕분에, 다소 엉뚱해 보이지만 연관된 이야기를 통해 좀 더 가벼운 분위기를 만들 수 있다. 바둑이나 나비가 밖에서 놀다가 진료실로 졸래졸래 들어오는 경우도 있는데, 이럴 때는 더욱 재미있어진다.

두 녀석은 종종 아무렇지 않다는 듯 들어와서는 환자 옆 소파에 자리를 잡고 앉아서 낮잠을 청하거나 환자의 옷깃 또는 머플러를 가지고 놀곤 한다. 아무리 힘겨운 표정으로 이야기하던 환자도 이 녀석들의 등장을 반가워하거나 재미있어 하고, 좀 더 편안하고 자연스러운 분위기 속에서 진료를 할 수 있게 된다.

병원에 고양이가 있기 때문에 생긴 재미있는 일은 배가 꽤 아픈 한 환자의 경우였다. 며칠째 잘 먹지도 못하고 열도 오르던 환자에게 수액 주사를 놓아주면서 환자 침대에 누워 쉬게 했다. 환자가 침대에 누워 잠을 청하고 있는데, 바둑이가 나타나서는 놀자고 귀찮게 굴다가 나중에는 환자의 배 위에 누워서 잠이 들어버린 것이다! 마침 배가 아프던 환자는 따뜻한 고양이의 체온 덕분에 마치 핫팩을 한 것처럼 편안하고 기분이 좋아져 잠을 더 깊이 잘 잤다고 한다.

반려동물이 암을 예방하거나 치료하는 데 효과가 있다는, 동물이 지니는 의료적인 효과에 대한 연구도 진행되었다는 보도를 종종 접한다. 병원에서 동물을 키우는 것도 어떤 방향에서는 의학적 효과가 충분히 연구될 만큼 의미 있는 일일지도 모른다. 하지만 제너럴 닥터라는 병원에서 잘 크고 있는 두 마리의 고양이들은 단지 한두 가지의 의학적 효과를 보여주기 위해 살고 있는 것은 아니다. 제너럴 닥터라는 공간이 지향하는 바는 건강과 의료에 대한 편견을 깨고 좀 더 다양한 모습으로 소통하는 것이다. 이것을 보여주는 상징적인 존재가 바둑이와 나비다.

치료제 = 고양이(?)

빈혈을 둘러싼 몇 가지 오해

빈혈이 있다고 얘기하는 분들의 대부분은 기본적인 혈액검사도 해보지 않은 경우가 많다.

빈혈이라는 단어는 왠지 피가 모자란다는 느낌이 든다. 하지만 정확히 말하자면 혈색소가 모자라는 것이다. 빈혈이란 단어에서 즉각 연상되는 것과는 달리, 재미없게도 혈색소가 부족한 현상을 빈혈이라고 한다. 이 중 가장 흔한 형태는 혈색소의 재료인 철분이 모자라는 '철결핍성 빈혈'이다. 내과학 교과서 《Harrison's Principles of Internal Medicine》에 따르면, 빈혈의 증상은 Fatigue, loss of stamina, breathlessness, and tachycardia 등으로 '어지러움(dizziness)'이란 말은 아예 없다.

제가 빈혈이 좀 있어서 그런지 자주 어지러워요.
피 검사는 해보신 건가요?
아뇨. 그런 거 해본 적 없지만 다들 어지러우면 빈혈이라 하더라고요.
누가요?
!
친구도 그러고, 엄마도 그리고 네이버 지식인도 그러던데요.
친구 · 엄마 · 지식인··

으악~
피가 모자라~!
둥둥
안 무섭다고!
혈색소가 모자라~!
철 좀 드시지!
철이 모자라~!

자료를 좀 더 찾아봐도 '어지럽다'를 빈혈의 주요한 증상으로 적은 곳은 없고, 빈혈의 가능한 여러 증상 중 하나 정도로 표현한 곳이 있을 뿐이다. 다시 말해서 '어지러움'이 빈혈의 비중 있는 증상은 아니다.

이런 식의 오해가 빈혈에만 국한되는 것은 아니다. "제가 편두통이 늘 있어요…. 한쪽 머리가 간혹 아프거든요." "평소에 혈압이 좀 낮아요. 저혈압이라고 하더라고요." 자신의 증상과 특정 질병을 연결 짓고, 이미 자가 진단까지 끝낸 상태로 병원에 오는 경우가 꽤 많다. 일반 상식과 의학 상식의 부자연스러운 만남이 만들어낸 이런 오해들로 인해 자신을 편두통 환자, 빈혈 환자로 정의해버리는 것은 매우 안타까운 일이다. 일상생활 속에서 겪게 되는 여러 가지 증상들을 모아 자신을 스스로 '환자'로 만들어버리는 안타까운 일은 없어야 한다. 진정한 건강은 이런 작은 오해를 줄여나가는 것부터 시작된다.

소통에 대한 제너럴 닥터식 정의

제너럴 닥터의 진료실에서 2년이 다 되어가도록 진료를 계속해 오면서 우리가 추구하는 소통에는 일반적인 진료실의 캠페인, 즉 '설명 잘하는 친절한 의사가 되기'와는 다른 특징이 있다는 것을 깨달았다. 그리고 이런 경험과 생각을 통해 좀 더 넓은 의미로도 적용될 수 있는 소통에 대한 정의를 할 수 있게 되었다. 제너럴 닥터에서 정의하는 소통이란 다음과 같다.

소통이란 '상대방이 처한 상황, 그 상황에 대한 입장, 그 상황과 입장에서 원하는 것을 이해하려는 노력'이다. 상대방의 상황, 입장, 원하는 것. 사람은 같은 상황에 처한다 해도 입장이 다르고, 입장이 같다고 해도 원하는 것은 얼마든지 다를 수 있다. 이런 점을 무시하고 상황이나 입장만을 고려한다면 매우 답답한 대화만 오가게 될 것이다. 진료실에서 일어날 수 있는 아래와 같은 상황을 예로 들어보자.

〈상황〉

감기에 걸렸다.

감기에 걸렸다.

〈입장〉

시험 때문에 쉴 수 없다.
빨리 나아야 한다.

바쁜 일은 끝났다.
이제 좀 쉴 수 있다.

〈원하는 것〉

주사를 맞고 싶다.

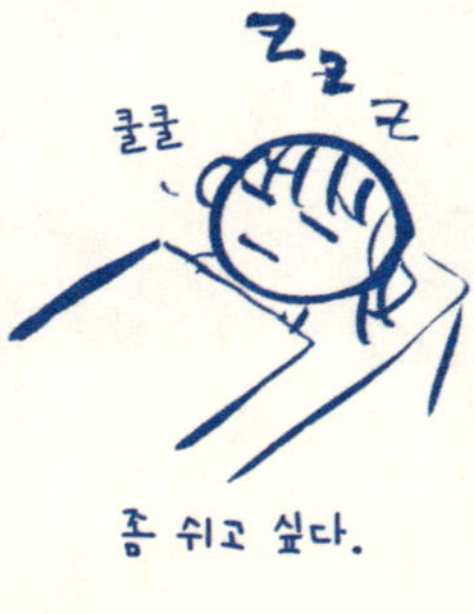

좀 쉬고 싶다.

똑같은 감기에 걸린 두 사람이 있다면, 두 사람의 상황은 같다. 하지만 한 사람은 시험공부를 계속 해야 하기 때문에 쉴 수 없어 주사라도 맞고 싶어 하고, 다른 사람은 마침 바쁜 일도 끝나서 좀 쉬고 싶어 한다. 문제는 우리가 흔히 진료실에서 나누는 대화로는 이런 차이를 알 수 없다는 것이다. 그러니 진료를 받은 사람들은 원하는 것을 잘 얻지 못하고 만족하기도 어렵다.

모든 존재는 서로 끊임없이 소통하며 그 관계를 유지한다. 그렇다면 바둑이와 나 사이에는 얼마나 소통이 잘 이루어질 수 있을까? 말도 통하지 않고 눈빛을 본다고 무슨 생각을 하는지 알 수 있는 것도 아니기 때문에, 바둑이가 저렇게 멍한 눈빛으로 나를 바라보고 있을 때면 무엇을 원하는지 바로 알 수 없다. 하지만 나의 행동에 대한 바둑이의 미묘한 반응을 보고 다시 그것에 맞춰가면서 원하는 것을 이해하려 노력하면 이 녀석이 밥을 먹고 싶은지, 심심한지, 아니면 그저 졸린 것인지 어느 정도 알 수 있다. 소통에 있어서 중요한 것은 '온전히 이해해야만 한다'는 결과나 목적보다 '이해하려고 노력한다'는 과정과 자세가 아닐까.

의료 행위가 이루어지는 모든 순간에서도 마찬가지라고 생각한다. 짧은 진료시간 동안 몇 마디 오가지 않는 서로의 표면적 대화에 집중하기보다는 상대방의 입장과 원하는 것을 파악해보려고 노력한다면 언변이 뛰어나지 않아도, 나긋나긋한 사람이 아니라 해도 환자와 의사 사이에 진정한 소통을 이루어낼 수 있을 것이다. 바로 이것이 제너럴닥터에서 추구하는 소통이다.

제너럴 닥터의 엄청난 자랑거리가 된 치즈 케이크.
이 한 조각을 만들기 위해서는 굉장히 많은 노력이 들어가지만,
사람들이 먹으면서 행복해할 때면 우리도 덩달아 기분이 좋아진다.

제너럴 닥터의 식사 메뉴 중 하나인 병원식.
제닥이 추구하는 것을 보여주려는 노력에서 나온 것이다.
병원식이지만 푸짐하고 영양이 풍부한,
그래서 기분도 좋아지는 밥.

딸기가 제철일 때 잠깐 등장할 예정인 계절 메뉴,
딸기 치즈. 기대하시라, 두둥둥.

병원이라고 해서 무조건 칼로리가 계산된
건강메뉴를 제공하는 것은 아니지만,
모든 메뉴는 신선한 재료로 만든다.
자몽에이드, 레몬에이드, 오렌지에이드 모두
과일을 그 자리에서 바로 짜서 만들어 인기가 많다.

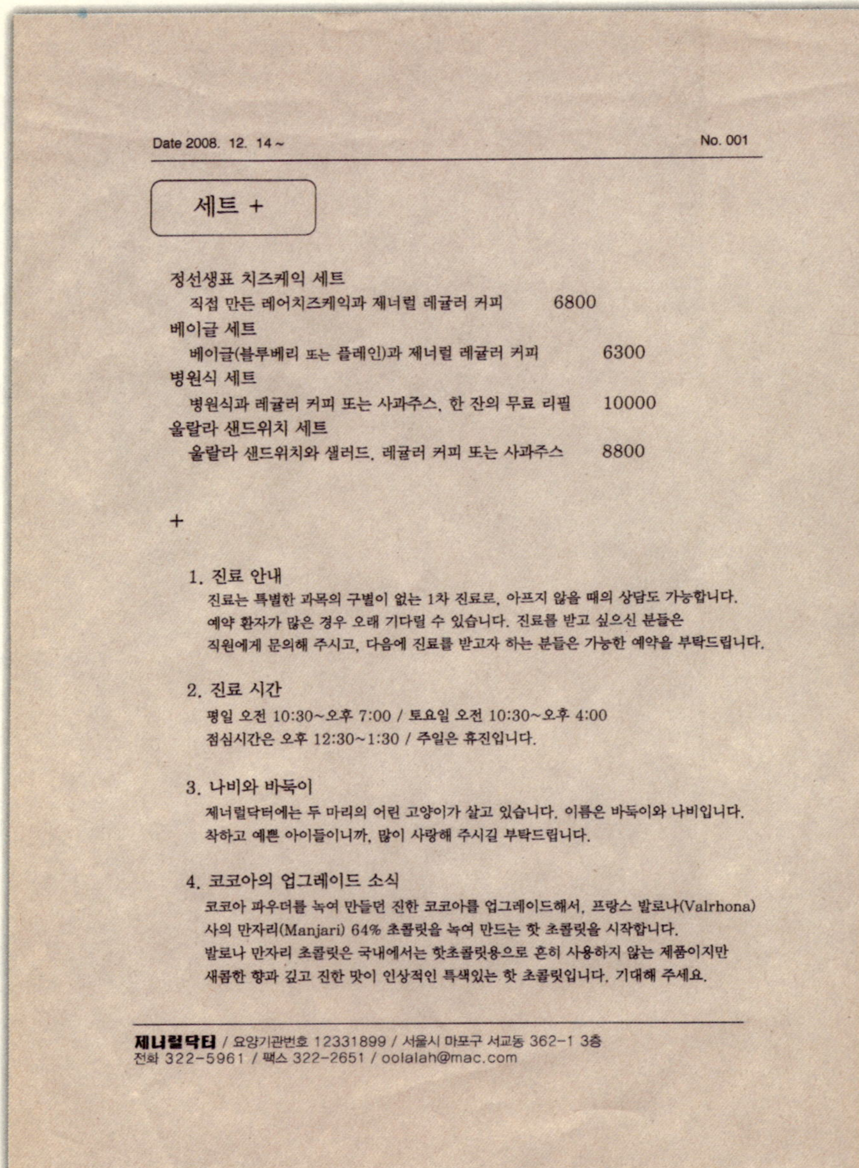
Date 2008. 12. 14 ~ No. 001

세트 +

정선생표 치즈케익 세트
직접 만든 레어치즈케익과 제너럴 레귤러 커피 6800
베이글 세트
베이글(블루베리 또는 플레인)과 제너럴 레귤러 커피 6300
병원식 세트
병원식과 레귤러 커피 또는 사과주스, 한 잔의 무료 리필 10000
울랄라 샌드위치 세트
울랄라 샌드위치와 샐러드, 레귤러 커피 또는 사과주스 8800

+

1. 진료 안내
진료는 특별한 과목의 구별이 없는 1차 진료로, 아프지 않을 때의 상담도 가능합니다.
예약 환자가 많은 경우 오래 기다릴 수 있습니다. 진료를 받고 싶으신 분들은
직원에게 문의해 주시고, 다음에 진료를 받고자 하는 분들은 가능한 예약을 부탁드립니다.

2. 진료 시간
평일 오전 10:30~오후 7:00 / 토요일 오전 10:30~오후 4:00
점심시간은 오후 12:30~1:30 / 주일은 휴진입니다.

3. 나비와 바둑이
제너럴닥터에는 두 마리의 어린 고양이가 살고 있습니다. 이름은 바둑이와 나비입니다.
착하고 예쁜 아이들이니까, 많이 사랑해 주시길 부탁드립니다.

4. 코코아의 업그레이드 소식
코코아 파우더를 녹여 만들던 진한 코코아를 업그레이드해서, 프랑스 발로나(Valrhona)
사의 만자리(Manjari) 64% 초콜릿을 녹여 만드는 핫 초콜릿을 시작합니다.
발로나 만자리 초콜릿은 국내에서는 핫초콜릿용으로 흔히 사용하지 않는 제품이지만
새콤한 향과 깊고 진한 맛이 인상적인 특색있는 핫 초콜릿입니다. 기대해 주세요.

제너럴닥터 / 요양기관번호 12331899 / 서울시 마포구 서교동 362-1 3층
전화 322-5961 / 팩스 322-2651 / oolalah@mac.com

제너럴 닥터의 메뉴판 중 일부.
메뉴판은 정기적으로 업데이트 되고 새로운 소식과 진료를
안내하기도 하고 상황에 따라 수정된다.

매일 먹는 약, 이름은 알고 드시나요?

약에는 종류가 참 많기도 하다. 소화제, 두통약, 혈압약, 당뇨약, 위장약…. 하지만 진료를 하다가 만나는 환자 중에서 자신이 먹는 약의 이름과 용량을 정확히 알고 있는 분들을 만나기란 쉽지 않다. 그러다 보니 대부분의 환자들이 다른 병원에서 처방받아 드시던 약에 대해 기억할 때는 보통 이렇게 말하곤 한다.

약 이름이라는 게 대체로 기억하기도 어렵고 비슷한 것들도 많다 보니 이름을 외우기보다는 형태로 기억하게 된다. 그리고 제약사들도 이런 것을 알고 있기 때문에 약마다 식별을 할 수 있는 명확한 특징을 강조하는 편이다. 하지만 세상에는 이미 비슷한 약이 너무 많기 때문에 전문적인 지식이 없는 사람이 모양이나 색상만으로 약을 100% 정확히 구별하기란 거의 불가능한 일이다. 예를 들어, 혈압약을 드시는 분에게 그 약이 무엇인지 물어보면 이런 식으로 대답한다.

(잘난 체를 좀 하자면) 위의 경우 amlodipine 5mg을 주성분으로 하는, 노바스크를 대표로 하는 2세대 CCB(calcium channel blocker : 칼슘채널 길항제)들이 저런 모양이므로 그나마 추측하기 쉬운 경우이지만 대부분은 좀 더 복잡하다.

'팔각형의 혈압약'과 비슷한 예로 '눈사람 모양 당뇨약'이 있다. 이 눈사람은 혈압약과 달리 색상도 초록색, 하얀색, 풀색, 보라색 등으로 다양하고 용량 차이도 있어서 "글리…뭐라던데… 눈사람 모양으로 생기고…" 하는 정도의 기억만으로 병원에서 설명하다간 상당한 곤란을 겪을지도 모른다.

주의!! : 눈사람 모양의 약은 당뇨약 뿐 아니라 다른 분야의 약도 있고, 용량도 다양하기 때문에 조심해야 한다. 약을 다른 사람과 나눠서 드시는 분들도 있는데, "나도 눈사람 모양 약인데!"라고 했다간 자칫 위험할 수도 있다.

제약사들이 분명히 구분할 수 있도록 신경 써서 만든 약인데도 우리는 왜 이렇게 혼란을 겪을까? 그 이유에 대해서는 이렇게 설명할 수 있다. 모두 다르게 생긴 네 사람의 경우를 보자.

기억나는 얼굴을
그려봐요.
응
...

쓱
쓱
이런 얼굴?

이런 사람은
없었다고요!
화르륵

하나하나 따지고 보면 분명히 구별되는 얼굴이지만, 우리들은 일반적으로 그렇게 자세한 부분까지 기억하지 못한다. 그래서 약도 "하얗고 길쭉하고 반짝거리고…" 정도로 애매한 특징만 기억하곤 한다. 제대로 기억하고 있던 것 같지만 막상 몇 가지를 놓고 찾아보라고 하면 정확히 집어내기 어려운 것이다.

그래서 모양의 특성을 기억해서 혼동 없이 자신이 먹는 약을 구분하려면 다음과 같이 기억해야 한다. '지름 0.7cm의 흰색 정제로, 분할선이 한 줄 있고, 한 쪽 면에 LO, 20이라고 적혀 있다.' 하지만 약 이름을 기억해야 한다면 이 두 단어만 기억하면 된다.

'라우간정 20mg'

음, 차라리 외국 여행지나 영화배우 이름을 기억한다고 생각하고 그냥 이름으로 외우는 편이 낫지 않을까?

그런데 자신이 먹는 약 이름을 기억하기 위해서는 적어도 약 이름이 정확히 적혀 있는 처방전을 가지고 있어야 한다. 하지만 많은 병원에서 처방전을 한 장만 발행하는 것이 공공연한 현실이다. 환자들이 약국에 처방전을 내고 나면, 손에는 뭔지 모를 약들만 봉지에 가득 담겨 있으니 약 이름 좀 기억하지 못한다고 환자들을 타박할 일이 아닌 것이다.

자신이 뭘 먹는지도 모르는 채 약에 대해 막연한 불신만을 가진다면 의사에 대한 신뢰도와 치료 효과도 결국 떨어지지 않을까? 그래서 제안하는 현실적인 해법은 다음과 같다.

① 병원에서는 환자들의 기본적인 알 권리를 위해 처방전을 두 장 발행해서 환자 보관용 처방전을 전달해야 한다.

② 처방전을 한 장만 발행하는 병원이 있다면 환자들은 본인 보관용을 달라고 당당히 요구해야 한다.

③ 그리고 혹시 처방전이 없어지거나 찢어질 수도 있으므로, 핸드폰에 메모를 해두거나 디지털 카메라나 핸드폰으로 사진을 찍어 저장해 두는 것도 좋다.

걷는 바둑이 위에 나는 나비

바둑이와 나비는 이름만큼이나 서로 성격도 다르다. 애초에 바둑이라고 이름을 붙인 것은 사람을 잘 따르는 성격의 얼룩 고양이이기 때문이었지만, 현재의 바둑이는 다른 면에서 이름값을 한다. 바로 바둑이의 고양이답지 않은 느릿느릿한 게으름이다.

나비는 처음 봤을 때부터 펄펄 날아다니는 아이였는데 이름을 잘 지어서인지 자라면서 더 활발해져가는 것 같다. 어느 날, 나비는 우리가 앉아 있던 책상 위에서 밥그릇이 있던 의자로 날아갔다. '우와, 역시 나비는 이름값을 하는구나' 하고 우리 모두는 감탄하고 있었다.

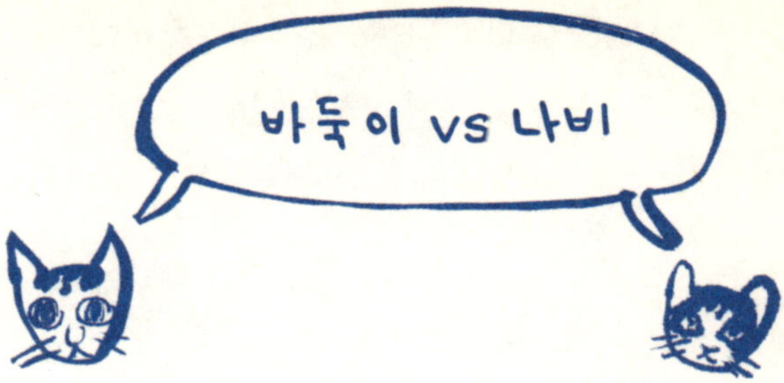

나비는 날아다닌다.

하지만 함께 그 광경을 보던 바둑이는 잠시 생각을 하는 것 같더니 책상 위에서 천천히 내려가서는 터벅터벅 걸어가는 것이 아닌가. 우리는 손님들이 있다는 것도 잊은 채 크게 웃어버릴 수밖에 없었다.

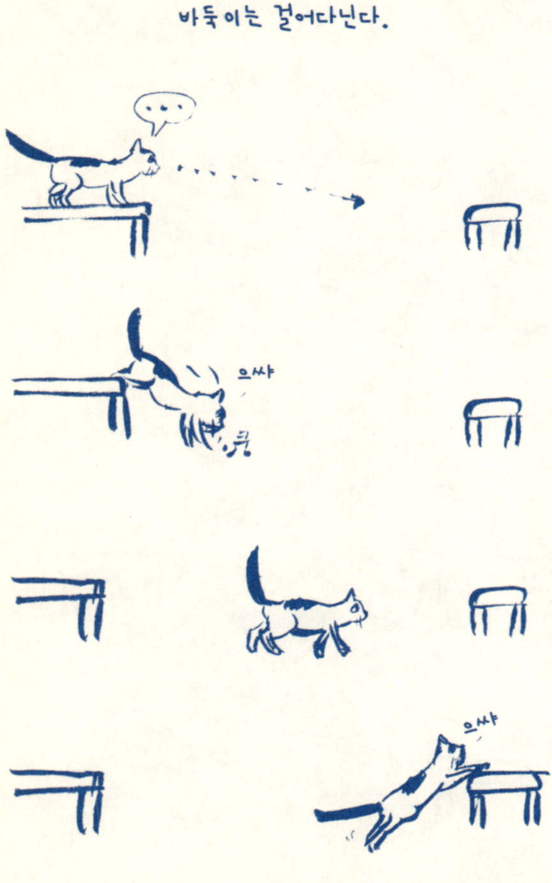

한참을 웃기는 웃었지만, 바둑이에게 좀 미안한 마음이 들었다. 사실 바둑이는 나비보다 몸집도 훨씬 크고 근육질이어서 마음만 먹으면 나비보다 훨씬 멀리 뛰고, 더 빨리 달리는 경우도 있기 때문이다. 힘을 숨기고 있으면서 늘 어슬렁어슬렁 걸어다니는 근육질 바둑이와 펄펄 날아다니는 작고 가냘픈 나비를 보면, 모든 존재는 자신에게 주어진 조건보다는 자신이 하고 싶은 대로 살아가는 것이 아닐까. 바둑아. 근데 너, 사실 근육이 좀 아까워 보여. 그 큰 발도.

나비는 가끔 움직이지 않는 정물처럼 보일 때가 있다.

왼쪽) 늠름한 바둑이.
이럴 때는 한 마리의 훌륭한 고양이 같지만,
저렇게 멋져 보이는 모습조차도 잘 보면
살짝 어색하게 몸을 꼬고 있는 모습에 웃을 수밖에 없다.

나비의 매력은 카메라든 사람이든
또랑또랑한 눈으로 빤히 쳐다보는 것이다.
마치 눈 싸움이라도 하자는 기세다.

바둑이는 꼬리조차 근육질이다.
진료실 칸막이 뒤로 천천히 내려가는
바둑이의 늠름한 꼬리.

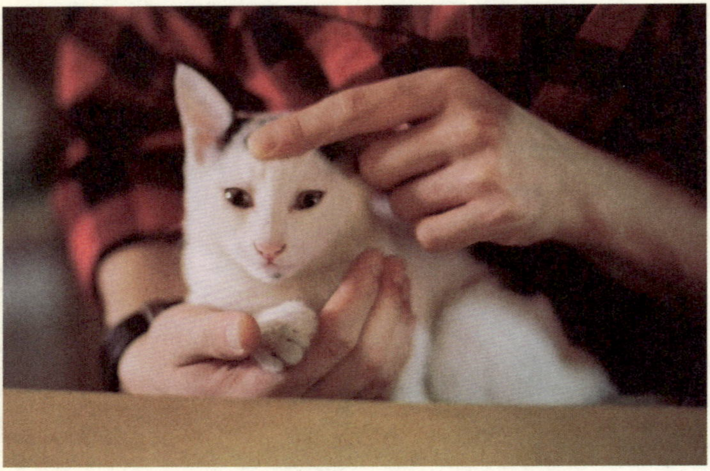

'진지 바둑'이라 불리곤 하는 바둑이.
늘 멍하고 무표정한 바둑이의 눈을 끌어오린 모습.
바둑아, 미안.

바둑이와 나비가 처음 사이좋게 밥을
함께 먹던 날. 이 둘이 처음 만나서
친해지기까지는 사실 오래 걸리지 않았다.

제너럴 닥터의 시작 ❷

머릿속의 생각, 컴퓨터 속의 파일로 남아 있던 제너럴 닥터가 세상으로 불쑥 나오게 된 것은 다 버스 때문이다. 그게 아니라면 내 아둔함 때문이거나. 어쨌든 제너럴 닥터는 우연한 일로 그러나 필연적으로 시작되었다.

문제의 그날은 2007년 1월 초 추운 일요일이었고, 나는 어떤 일로 인해 무척 허탈하고 자포자기인 상태였다. 이루 말할 수 없이 힘든 마음으로 교회에 갔다가 집에 들어가 쉬고 싶어서 서둘러 버스를 탔다. 대학로의 교회에서 동교동 삼거리에 있던 집으로 가기 위해서는 신촌에서 버스를 갈아타야 했다. 멍한 상태인데다가 빨리 집에 가고 싶었던 나는 '홍대앞'이라고 적힌 것만 보고 늘 타던 버스가 아닌, 다른 버스를 타고 말았다.

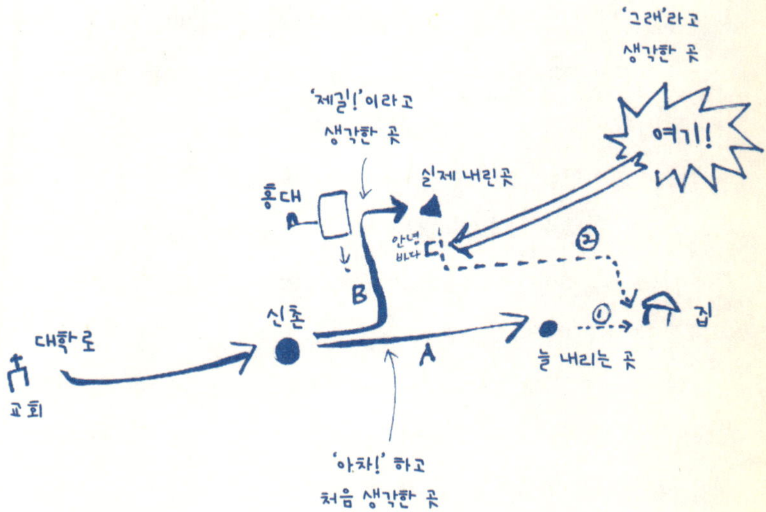

부연 설명을 하자면, 원래 내가 타야 하는 버스는 A 경로로 가야 하는데 그날 잘못 탄 버스는 B 경로로 가버린 것이었다. 버스가 똑바로 가지 않고 좌회전을 하려고 할 때 '아차' 하는 생각이 들었지만 내려서 다시 걸어가는 것이 귀찮아져버렸고 버스가 홍대 정문 앞을 경유해서 다시 집과 가까운 홍대 입구 전철역 방향으로 갈 줄 알고 또 멍하니 있었다. 그런데 이것 역시 판단 착오였다. 버스는 홍대 정문 앞을 지나 또 다시 내 예상과는 다른 방향으로 달렸다.

일상적인 상황이었다면 ①의 짧은 길을 걸어가 집에서 TV나 보고 있었을 텐데 두 번의 사소한 실수로 ②의 경로로 덜덜 떨면서 투덜거리며 한참을 돌아가야 하는 최악의 상황이 되었다. 나는 졸지에 몸도 마음도 추운 겨울날, 오가는 사람도 거의 없는 홍대 주차장 길을 가로질러 가고 있었다. 그리고 형이 운영하던 '안녕 바다'라는 술집 앞을 지나게 되었다. '안녕 바다'는 내가 투자도 했고 일을 돕기도 했던 터라 매우 익숙한 곳이다. 그런데 꼬이고 또 꼬인, 고민 많던 그날의 나에겐 무언가 다르게 다가왔다.

곧 3년간의 공중 보건의 생활을 마치더라도 인턴은 이미 들어가지 않기로 했고, 다른 회사와 진행하고 있던 소아과 네트워크 사업은 왠지 현실성이 없었다(주변의 소아과 의사들을 만나고 있었지만 아무도 내 이야기를 진지하게 듣지 않았다). 모든 자신감을 상실한 채 앞으로 무엇을 어떻게 해야 하나 하고 처음부터 다시 고민하고 있던 때였다.

나는 '안녕 바다'의 간판을 보면서 그동안 잊고 있었던 카페와 병원의 결합 모델을 다시 떠올렸고 뭐라 말할 수 없는, '그래!' 하는 결심을 하게 되었다. 좀 더 멋지고 위대한 것이었으면 좋았겠지만 결정적인 결심의 배경에는 아마도 이런 처절함이 있었다.

지금은 웃으며 이야기할 수 있고, 그날이 나에게 운명처럼 다가온 것에 무척 감사하지만, 그날의 나는 너무나 처절했다. 막다른 곳에 몰린 듯, 이제는 잃을 것이 없다는 느낌으로 내가 이 상황에서 역전극을 벌일 수 있는 마지막 카드쯤으로 생각했던 것인지도 모른다. 그리고 ②의 남은 길을 걸으면서 다시 계속 생각을 정리했다. 이러저러해서 가능성이 있을 것이라고.

그런데 더 재미있는 것은 사실 내가 그날 머릿속으로 그린 그림은 지금의 제너럴 닥터와는 상당히 다른 모습이었다는 것이다. '안녕 바다'는 지하 1층에 있는 30평 정도의 어두컴컴한 (주로 맥주와 칵테일을 팔던) 술집이었고, 안녕 바다의 한쪽을 진료실로 만들어 병원으로 사용하겠다고 생각했다.

집에 돌아가 씻고 나갈 준비를 하고 있던 형에게 내 생각을 말하자 형은 나에게 딱 잘라 이렇게 말했다.

그러나 나는 지지 않고 약간 흥분한 채로 이러저러한 목적으로 정신 나간 생각을 하는 것이라고 설명했다. 결국 처음에는 고개를 갸우뚱하던 형은 시간이 지나 나의 생각을 지금의 제너럴 닥터로 현실화시키는 최대 공신이 되었다. 아마 내가 그때 그린 카페+병원을 '안녕 바다' 한쪽에서 구현했다면 이런 상황이 벌어지지 않았을까.

말도 안 되고 우스꽝스러운 상황 같지만 나는 아직도 마음 한쪽에서 생각한다. 술 먹고 담배 피우는 공간의 구석에서 진료를 하면 왜 안 되느냐고.

제너럴 닥터가 생긴 과정을 돌이켜 생각해보니 그리 오래 되지도 않았지만 벌써 아득하다. 지금까지 내가 이룬 것은 별로 없고 앞으로 가야 할 길은 더욱 멀고 험하겠지만 그날 했던 선택을 나는 단 한 번도 후회한 적이 없다. 그날의 작은 결정이 가장 불행할 수도 있었던 나를 가장 행복한 사람으로 바꾸었으니까.

커피는 하루에 몇 잔까지 마셔도 괜찮나요?

진료실에서 환자들이 많이 하는 질문 베스트 10위 안에 드는 얘기이다. 커피를 한 모금만 마셔도 가슴이 두근거리고 어지럽다는 사람부터 하루에 10잔을 마셔도 졸리기만 하더라는 사람까지 커피에 대한 반응과 그 기호도는 사람마다 큰 차이가 있다. 다들 얼마나 마셔야 나에게 적당한 것인지, 혹은 커피가 몸에 해로운 음료는 아닌지 등에 대해 궁금해한다. 나도 커피를 무척 좋아해서 매일 2~3잔씩은 꼬박꼬박 마시는데, 커피에 대한 개인적인 입장을 얘기할까 한다.

커피가 몸에 미치는 영향에 대한 것이라면 카페인 얘기를 하지 않을 수 없다. 카페인은 커피 뿐 아니라 우리가 즐겨 마시는 콜라, 홍차, 녹차, 코코아 그리고 초콜릿 등에도 포함되어 있다. 그리고 일상에서 많이 접하는 개보린, 펜잘, 사리돈 같은 혼합성분의 두통약과 즐겨 마시는 박카스에도 일정량 들어 있다.

카페인을 어느 정도까지 먹어도 안전한가에 대한 기준은 연구 결과에 따라 조금씩 다르게 나타나지만, 2007년에 식품의약품안전청에서

발표한 기준에 따르면 성인은 하루에 400mg, 임산부는 하루에 300mg 미만으로 섭취할 것을 권장한다. 그렇다면 보통 카페인 400mg이라고 하면 어느 정도일까?

아메리카노 4잔

커피믹스 5.8잔

캔커피 5.4캔

콜라 17.4캔

녹차(티백) 26.7잔

카페인 400mg을 섭취하는 게 쉽지는 않은 일처럼 보이지만 커피를 하루에 5~6잔씩 마시는 사람들이라면 한번쯤 고민해봐야 할 문제이다. 특히 아메리카노 커피의 경우엔 카페인 함량이 천차만별이라 3잔만 마셔도 기준치를 넘기는 경우도 많다. 하지만 400mg이라는 것은 언제까지나 평균적인 최대 섭취량의 기준치일 뿐이지 모든 사람에게 적용되는 것은 아니다. 카페인 과다섭취에 의한 증상들, 즉 두통, 수면장애, 불안감 등을 나타낼 수 있는 카페인의 양은 사람마다 모두 다르다.

카페인을 매일 250mg씩 꾸준히 섭취한다면 카페인 중독증상(위장장애, 피로, 홍분, 초조, 얼굴이 붉어짐 등등)이 나타날 수 있는데, 이 역시 사람마다 기준이 다르다. 분명한 것은 처음엔 커피 한 잔에도 잠이 번쩍 달아나던 사람이라도, 매일 일정량의 카페인을 섭취하게 되면 예전에 비해 카페인에 대한 반응이 점차 무뎌진다는 것이다.

많은 환자들이 이런 얘기를 한다. “아침에 커피 한 잔은 왠지 정신도 맑게 하고, 집중력도 높이는 것 같아서 꼭 마셔요. 점심 먹고 오후에 일할 땐 졸리니까 한두 잔 정도 더 마시게 되고요. 그런데 이상하게 밤에 자려고 하면 막상 잠이 잘 안와서 새벽까지 뜬눈으로 있다가 간신히 잠들곤 하죠. 그럼 다음날엔 여지없이 피곤해서 또 아침부터 커피를 찾게 돼요.”

위와 같은 사이클이 무한히 반복되는 것은 아닐까? (물론 밤에 잠을 설치는 원인은 여러 가지가 있겠지만 커피도 한몫 하고 있으리라는 얘기다)

사실 내가 먹고 있는 카페인이 몇mg이고, 그게 기준치 초과인지, 안전한 양인지 생각하면서 먹는 사람은 거의 없다. 커피 한 잔, 콜라 한 잔을 마셔도 그렇게 따지면서 먹어야만 한다고 겁을 주는 것이 아니라, 카페인이 위의 그림처럼 나의 피로한 일상에서 악순환을 일으킬 수 있다는 것을 알아야 한다는 말이다. 졸리거나 피곤할 때마다 카페인이 함유된 음식들이나 혼합성분의 두통약, 박카스 등을 즐겨 찾는 사람이라면 본인이 겪고 있는 수면장애, 두통, 불안감 등이 오히려 카페인의 지나친 섭취로 인한 것은 아닌지 한번쯤 생각해봐야 한다.

제너럴 닥터의 에스프레소 머신.

왼쪽) 제너럴 닥터의 라떼아트.
김제닥이 카푸치노 위에
고양이를 그린 것이다.

아이스커피를 만들기 위해,
갓 내린 커피를 얼음물에 담가 둔다.
빨리 식혀야 향과 맛이 살아 있는
진한 아이스커피가 된다.

핸드 드립을 할 때는 먼저 적당한 온도의 물을
갓 갈아낸 커피에 흘려 적신다.
이때 초코파이처럼 부풀어오른 커피를 보며
향을 맡으면 절로 기분이 좋아진다.

바둑이의 식빵 굽기

고양이의 가장 매력적인 자세는 소위 '식빵 굽기'라고 한다. 앞발이 보이지 않도록 끌어당겨 넣고 앉아서 자르기 전의 식빵 한 덩이처럼 보이는 것인데, 바둑이가 종종 굽는 식빵은 어딘가 모르게 어설프다.

앞다리가 완전히 말려 들어가지 않았다거나, 뒷다리가 엉거주춤하다거나 하는 식이다. 심지어 꼬리가 완전히 말려 있는 법도 거의 없다. 그래서 보통의 고양이들과 달리, 바둑이가 식빵을 구우면 우리들은 흥미진진하게 구경을 한다.

어느 날은 바둑이가 진료실 칸막이 담 위에서 식빵을 구운 적이 있는데, 그날의 식빵은 특히 압권이었다. 좁은 담 위에 억지로 앉다보니 앞발이 다 들어가질 않아 조금씩 조금씩 발이 밀려나오는 것이다. 마침내 왼쪽 발이 '툭' 하고 빠져나와버렸다. 하지만 바둑이는 멍-하니 눈을 뜨고는 정면을 무표정하게 응시하고 있었다. 이런 부조화라니! 이 광경을 보던 모든 사람들은 카메라를 들이대며 연신 셔터를 눌러댔지만, 정작 바둑이는 아무 일도 없다는 듯 무표정한 얼굴 그대로였다.

시간이 좀 더 지나자 바둑이는 귀찮은 듯 앞발을 다시 집어넣으려 했지만 다시 앞발이 빠져나오는 난감한 상황이 반복되었다. 이것을 세 번이나 반복하고는 안 되겠다 싶었는지 몸을 좀 크게 움직여 문제의 앞발을 제대로 밀어넣었다. 그러나 바둑이의 개그는 여기서 끝나지 않았다. 불과 몇 초가 지나자 뒷다리가 '툭' 하고 빠져나온 것이다.

이 광경을 계속 지켜보던 우리는 손님이 있는 것도 잊은 채 큰 소리로 웃을 수밖에 없었고, 계속 무심한 표정을 유지하던 바둑이는 시끄러운 게 귀찮았던지, 아니면 스스로 생각해도 멋쩍었는지 더 이상 식빵 굽기를 포기하고는 일어나서 다른 곳으로 사라져버렸다.

건장한 체구와 잘생긴 얼굴에 비해 늘 무표정하고 멍한 얼굴, 그리고 쉬지 않고 보여주는 몸 개그가 일품인 바둑이. 바둑이는 타고난 몸 개그의 달묘(達猫)가 틀림없다. 바둑이에게 흐르는 개그본능을 잘 살려줄 길이 없을까?

내성이 두려워 두통약을 못 먹는 사람들에게

진료를 하다 보면 두통이나 생리통 같은 통증이 있을 때 아파하면서도 약을 먹지 않는 사람들을 보게 된다. 물론 '모든 약에는 부작용이 있고, 100% 안전한 약도 없다'라는 명제는 진실이다. 그러나 이런 사실이 자명한 만큼 내성이 무서워 무리하게 아픈 것을 참는 것도 옳지 않다.

약, 특히 진통 효과가 있는 약들을 두려워하는 사람들의 말을 들어 보면 '내성'이라는 말을 자주 한다. 내성 때문에 약을 부정적으로 생각하다니.

심지어 제닥의 아르바이트생 중 어떤 사람은 생리통이 너무 심해서 얼굴이 파랗게 질릴 정도가 되었지만 타이레놀을 준다 해도 먹으려 하지 않았다. 그 이유를 물어봤을 때 그 친구가 하는 말이 "자꾸 먹으면 내성이 생긴다고, 아파서 정신을 잃을 정도가 아니라면 진통제 먹지 말라고 예전에 보건선생님이 말해줬다"는 것이다.

그럼 두통약은 무서운 약이니까 죽기 직전에 최후의 선택으로 먹어야 하는 최후의 보루 같은 것일까? 절대 아니다. 우리가 잘못 알고 있는 것을 하나하나 다 확인하고 고치려면 시간도 노력도 많이 필요하기 때문에, 먼저 '내성'에 대해서 생각해보자.

우리가 흔히 혼동하여 사용하는 말인 내성과 의존성과 중독은 모두 다르다는 것을 알아야 한다.

내성 ≠ 의존성 ≠ 중독

내성이라는 것은 말 그대로 '반응하는 정도가 약해지거나 적어지는 것'이다. 이 개념도 항생제 내성과 다른 약품(수면제나 정신과 약물, 변비약 등)에 대한 내성이 전혀 다르다. 우리 몸이 어떤 약에 대해 내성을 가진다는 것은 아마 이런 식으로 받아들여지고 있을 것이다.

약을 처음 먹었을 때의 반응이 10이었다면, 점점 약을 반복해서 먹을수록 반응이 약해져서 7 정도로 효과가 줄어들고, 이런 식으로 더 진행되면 최악의 경우에는 아예 반응이 없어질 수도 있다는! 다른 말로 '몸이 약에 절어버린다'는 식의 생각 말이다. 하지만 이런 생각은 너무 애매한 이야기다. 대부분의 약은 두루뭉술하게 우리 몸이나 기(氣)에 작용하는 것이 아니라 소화, 흡수과정을 거치면서 작용한다. 간에서 대사가 된 다음 특정 성분이 세포에 어떤 영향을 미침으로써 일을 하는 것이다. 이런 측면에서 어떤 약물의 내성이 생기는 것은 다음 그림처럼 생각해볼 수 있다.

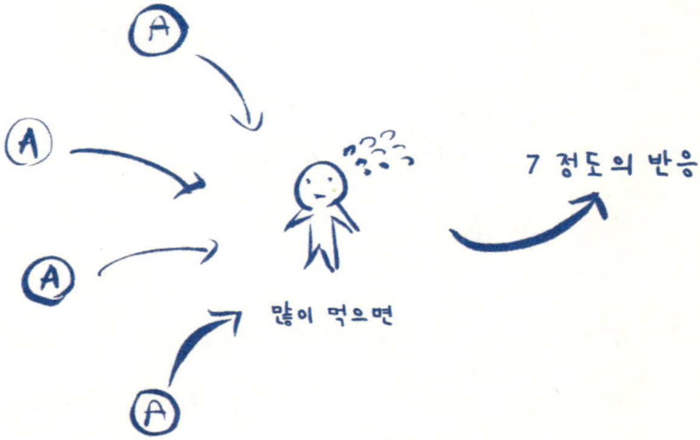

처음에는 세포들의 반응이 열렬하다.(저 열광하는 삼인조는 세포다!) 그래서 효과가 잘 나타나는 것으로 보인다. 그런데 시간이 지나면서 일정 성분의 약이 계속 세포에 노출되면 세포들은 (여러 과정이나 이유가 있겠지만 결과적으로) 반응을 좀 덜 하게 된다.

물론 우리가 맛있는 음식을 처음 먹었을 때, 혹은 멋진 광경을 처음 보았을 때는 '우와~' 하고 강하게 반응하다가 점점 자주 접하게 되면 둔감해지는 것과는 방식상의 차이가 있다. 하지만 그 원리를 만화로 그린다고 해봤자 억지스러울 것 같고, 더욱 중요한 것은 '지금 이 글을 읽는 사람들이 알아야 할 것이 무엇인가' 하는 이야기의 초점에서도 어

긋나기 때문에 자세하고 과학적인 설명은 생략하겠다.

뭐, 어떻든 간에 성분의 작용 대상인 세포들의 반응이 줄어드니까 몸 전체적으로는 약의 효과가 떨어진 것으로 느낀다. 약의 종류에 따라 그리고 비슷한 작용을 하더라도 그 작용 방식(세포에 어떻게 일을 시킬 것인가)에 따라 내성이 생길 수 있는 약도 있고, 그렇지 않은 약도 있다. 그렇기 때문에 '양약은 모두 어느 정도 내성이 있다'거나 '약을 많이 먹으면 몸에 약이 쌓여서' 또는 '약은 다 독성이 있어서' 하는 소리는 어불성설이다.

약을 선택하든 다른 관리법을 찾아서 스스로 조절하든 증상에 불과한 통증을 조절하기 위해 어떤 것을 할지는 전적으로 개인의 선택이다. 하지만 잘못된 지식이나 어설픈 상식 때문에 필요한 약을 먹지 못하고 괴로워하는 것도 옳지 않다.

네 멋대로 안경을 써라

어떤 인터뷰 자리에서 굳이 '제너럴 닥터'라는 고집스러운 길을 가야 하느냐는 대한 질문에 "사람은 누구나 자신의 안경을 쓰고 세상을 바라보고 살아갈 뿐이죠."라고 대답한 적이 있다. 사람들은 보통 편견을 말할 때 '색안경을 쓴다'고 하는데, 내가 말한 안경은 그보다는 '자신만의 가치관'을 의미한다. 누구나 자신의 가치관(무엇이 더 가치 있는 삶이냐)을 가지고 살아가지만 자신만의 가치관을 끝까지 고집하는 사람은 그렇게 많지 않는 것이 사실이다.

가치관이라는 안경을 통해 세상을 바라보다 보면 같은 대상이라도 사람에 따라 다르게 보일 수밖에 없다. 무엇보다 어릴 때는 자신의 의견보다는 엄마가 골라주는 안경을 쓰다가 자라면서 자신의 뜻대로 원하는 안경을 쓰면서 시행착오를 겪는다. 동그란 안경을 쓰다가도 어느새 잠자리 테 안경을 쓰고, 유행을 좇아 안경을 썼다가 벗기를 반복하는 것처럼 사람들은 자신의 가치관을 끝까지 지키기보다는 환경의 변화나 주변의 평가와 통념에 따라 가치관을 바꾸곤 한다.

사람들은 살아가면서 몇 번 안경을 바꿔 쓰는 순간을 경험하게 된다. 즉 어린 시절 가졌던 생각과 꿈, 가치관을 치기 어린 것으로 접어버리곤 한다. 대학에 들어가고 나서, 졸업을 하고 나서, 서른을 넘기면서, 결혼을 하면서, 다시 더 나이 들어가면서 세상의 더 지혜로운 사람들이 추천해주는 보편적인 생각을 따르고 그에 합당한 가치관을 가지려고 노력한다. 어쩌면 그것은 사회적 동물로서 최소한 소외받고 싶지 않은 본능일지도 모른다. 하지만 그렇게 해서 찾은 가치관은 자신의 참된 생각이나 기준이 되지 못한다. 자신만의 안경처럼 자신만의 가치관을 찾은 게 아니라 보편적인 안경, 보편적인 가치관을 갖기 위해 노력한 것일 뿐이다.

10년 전에 찍은 사진을 보면, 누구나 "야, 저 때 참 촌스러웠어"라고 한다. 그 중에서 가장 촌스럽고 어색한 것 중 하나가 안경이다. 저 때는 스스로 멋쟁이라 생각하고 당당하게 끼고 다녔던 것인데 지금은 참 어색해 보인다. 지금 우리가 가지고 있는 가치관은 시간이 지나면 촌스러워지는 안경과는 다르다. 남들과 비슷해지기 위해 같은 가치관을 굳이 좇을 필요는 없다고 생각한다. 오히려 남들과 달라 보여도 자신의 눈에는 안성맞춤인 안경처럼 생각만 해도 즐거운 일에 전념할 때 진정한 자기 모습을 찾고 만들어가는 사람이 될 수 있지 않을까.

정제닥은 4년째 같은 안경을 쓴다.
지금 정제닥이 쓰고 있는 안경 때문에 자칫 가수 성시경처럼
보이기도 하지만, 마음의 눈에 쓰고 있는 안경은
자신에게 가장 잘 어울리는 안경일 것이라고 믿는다.

오전에 햇살이 낮게 들어올 때.
김제닥이 가장 좋아하는 순간, 가장 좋아하는 장소이다.
낮디낮은 소파에 누워 느끼는 따뜻한 햇살 속에
이루 말할 수 없는 평화와 행복이 있다.

화장실 입구에 도열해 있는 접이식 의자들은
혹시 모를 단체 손님들의 습격을 대비해
항상 준비 태세를 갖추고 있다.

환절기, 비염 환우회를 위한 충고

환절기가 되면 감기 증상으로 진료를 받으러 오는 분들이 부쩍 늘어난다. 그런데 사실 감기 증상이라는 게 참 모호하고 넓어서, 감기에 대해 사람들은 하고 싶은 말이 참 많다. 제너럴 닥터를 찾아온 환자 한 분에게 "더 물어 볼 것 없으세요?" 라고 물었을 때 그분의 질문은 이랬다. "저는 감기에 걸릴 때 콧물이 먼저 나오고 다음날이 되면 목도 안 좋아져요, 왜 늘 이런 거죠?" 그래서 그분의 환자 노트에 그림을 그려가며 설명했던 것을 간단히 정리해보면 이렇게 된다.

* 설명을 보기 전 꼭 기억해야 할 것

① 이 모든 비극은 '점막이 마르는 것'에서부터 시작된다.

② '감기'는 목과 코(상부기도) 등에 나타나는 다양한 증상들을 묶어서 부르는 것이고, 정확한 진단명이라고 할 수 없다. 다르게 말하자면, 아픈 사람 입장에서는 "나 감기야"라고 이해하는 것으로 충분하지만 의사가 보기에는 다양한 질병으로 진단되기도 하고, 아니면 아예 문제가 없는 일시적인 증상인 경우도 있다. 여기에서 이야기하는 '감기'는 아픈 사람들의 표현에 따른 '감기 증상'을 묶어서 말하는 것이다.

1. 건조한 공기나 급격한 온도 변화 등의 자극 때문에 코 안쪽의 점막이 마르고, 회복되지 않은 채 시간이 좀 더 지나면 곧 충혈되고 부어오른다. 이때 벌써 코가 마르고 막힌다는 느낌을 받게 된다. 그리고 사람에 따라 정도의 차이는 있지만 콧물이 좀 더 생성된다. 이렇게 되면 이미 "뭐야, (킁킁) 나 코감기에 걸렸어" 라고 할 만하다.

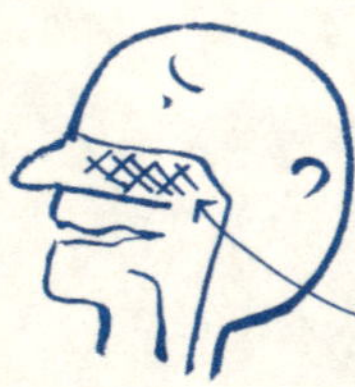

2. 코가 막히면 당연히 코로 숨을 쉬기 힘드니까 입으로 숨을 쉬는 양이 많아진다. 그러면 입 안의 점막이 마르기 시작한다. 원래 공기는 코를 통과하면서 습도가 높아지는데, 이게 잘 되지 않으니까 목 점막이 마르는 것인데, 외부의 공기가 많이 건조한 상태라면 이런 건조함은 더욱 심해진다. 게다가 콧물은 앞으로만 나오는 것이 아니라 목으로도 넘어가거나(후비루) 원래 있던 양이 늘어날 수 있는데, 이런 점액성의 콧물이 인후의 점막을 뒤덮은 채 마르게 되면 목의 건조함은 더욱 심해진다.

코가 막혀 밤새 잠 잘 때 입으로 숨을 쉬게 된다.

목의 건조함이 심해지면 따끔거리고 아프다는 느낌을 받게 되고, 후비루 때문에 '목 뒤에 뭔가 걸렸는데 기침을 하고 뱉어내려 해도 잘 나오지 않는다는 느낌'을 받는다. 이런 식으로 코에서 목으로 증상이 이어진다고 할 수 있다.

예방은 비극의 핵심이었던 요소를 통제함으로써 가능하다. 즉, 목과 코의 점막이 마르는 상황을 미리 막는 것이다. 크게 두 가지 방향에서 살펴보면 '공기의 습도를 높이는 법'과 '직접 점막에 수분을 공급하는 법'이 있다.

❶ 빨래를 방 안에 널어둔다.

❷ 가습기를 사용한다.

❸ 물을 자주 마신다.

생활 속의 실천법이라 할 만한 것들인데, 이 정도는 누구나 알고 있다. 하지만 정작 "나, 감기에 걸렸어" 하고 병원을 찾는 많은 사람들 중에서 누구나 아는 상식적인 것을 조금이라도 지키려고 시도하는 사람은 생각보다 많지 않다.

피우던 담배를 줄이거나 끊지 않고, 여전히 커피와 술을 계속 마시고, 무리하게 일도 계속 하면서 정신없이 살다 보니 내 몸을 위해서 물 한 모금 더 마시기가 쉽지 않을 수도 있다. 하지만 이런 단순한 것들만 조금씩 더 신경 써도 증상이 개선될 수 있다면, 약국에서 정체모를 약을 사먹는 것보다 낫다. 더욱이 병원에서 주사를 한 대 더 맞는 것보다는 훨씬 해볼 만한 일이 아닐까? 그래서 나는 이런 상식적인 관리의 중요성을 모든 사람들에게 지루하게 반복하여 설명하는 것이다.

불꽃이 있는 고양이, 느낌이 있는 고양이

나비의 얼굴을 그리기 위해서 유심히 살펴보다가 알게 된 것인데, 나비는 얼굴에 불꽃이 있다. 눈과 눈 사이, 흰색, 갈색, 검정색이 어우러져서 생긴 이마의 무늬가 마치 활활 타오르는 불꽃처럼 보인다. 순진하고 귀염성 가득해 보이는 동그란 눈과 이마의 강렬한 불꽃은 왠지 어울릴 것 같지 않지만, 무슨 생각을 하는지 알 수 없는 신비하고 도도한 나비의 성격을 잘 드러내는 조화로운 모습이다.

나비에게 불꽃이 있다면 바둑이는 이마에 느낌표가 있다. 느낌표가 있다니 좀 우습기는 한데 정말로 그렇다. 바둑이의 이마에는 세 개의 큰 점이 있고 그 중 가운데에 있는 점이 두 부분으로 나뉘어 있어 마치 느낌표처럼 보인다. 처음 바둑이를 맡으셨던 분은 이 점이 예전 소련 대통령인 고르바초프 이마의 점을 닮았다면서 "고르비"라고 불렀단다. 고르바초프의 인상 깊은 이마 점이 제너럴 닥터에 와서는 느낌표가 되어버렸다니 왠지 미안하기도 하다.

나비의 불꽃은 그렇게 우습지 않은데 바둑이의 느낌표는 좀 우스운 면이 있다. 바둑이를 불렀을 때 고개를 휙- 돌려 쳐다보면 왠지 만화의 말풍선 속 느낌표처럼 콱 하고 찍힌 것만 같다. 바둑아, 제발 그런 표정으로 고개 돌려 쳐다보지 말아줘. 너무 웃기단 말이야.

도요님이 찍은 소년 바둑이. 아기 때보다
조금 더 커지면서 눈동자도 색상이 바뀌고,
얼굴형이 조금 날카로워졌다.
발랄함이 매력 포인트이던 시절.

나비는 어떤 누구와도
시선이 마주치는 것을 피하지 않는다.
바둑이와는 달리 다소곳한 자세로 앉아
카메라를 바라보던 아기 나비.
이마에는 불꽃이 선명하다.

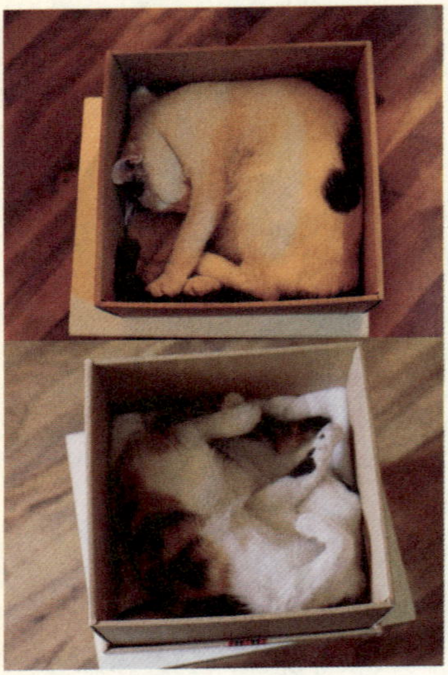

위) 바둑아, 넌 거기에서도
잠이 잘 오는구나. 넌 참 대단해.

아래) 따뜻한 난로 옆에 박스를 놓아주었더니
그 안에서 나오려 하지 않던 나비.
급기야 크게 뻗어버렸다.

도요님이 찍은 아기 바둑이.
나무 실로폰에 관심을 보이고 있다.
사실 아래쪽 사진에서 바둑이는
기지개를 펴는 것일지도.

이마의 느낌표와 저 늘어진 다리를 보시라.
바둑아, 너도 알고 보면 훈남 고양이잖아.
근육질인 네 몸을 생각해 보렴.
팔다리도 길고, 꼬리도 튼튼한데
넌 대체 왜 그렇게 우스꽝스럽니?

제너럴 닥터에 온 이후 처음으로
편안하게 잠을 자던 아기 나비.

과음의 기준은 몇 잔일까?

진료실에서 환자들과 술에 대한 대화를 나누다 보면, 과음의 기준이 사람마다 큰 차이가 있음을 발견할 수 있다. 직장 회식 자리에서 어쩌다가 한 번 마시게 되는 것도 많이 마신다고 생각하는 사람이 있는가 하면, "전 그렇게 많이 마시는 편은 아니에요"라고 얘기하면서 일주일에 2~3번 이상 마시는 사람도 있다. 게다가 자기 전에 마시는 맥주 한두 캔 정도는 술로 치지 않는 사람들도 있다. 그렇다면 술은 얼마나 마시는 것이 과음이고, 적절한 음주란 무엇인가?

과음의 기준에 대해서는 여러 의견이 있지만 '하루에 알코올 50g 이상을 섭취하는 것'이라는 정의가 있다(《가정의학》 중). 알코올 50g이 어느 정도 양일까? 각각 주종에 맞는 잔에 마신다면 다음과 같다.

소주 5잔,

맥주 3병(355mL 기준),

양주 4잔,

와인 3.5잔(12~14도 기준),

막걸리 1과 1/3병(1L 기준)

그리고 일주일 기준으로 따지면 알코올 170g 이상이 과음에 해당하는데, 그 양은 소주 2병 반, 맥주 10병, 양주 반 병(360mL 기준), 와인 2병 반(700mL 기준), 막걸리 4병 반 정도에 해당된다. 그렇다면 일주일 동안 소주 3병을 마시는 것은 과음에 해당하고, 2병을 마시는 것은 안전한 음주에 해당하는 것일까? 과음의 기준이라는 것이 그렇게 간단한 것만은 아니다. 어떤 사람에게는 일주일에 소주 1병도 매우 힘든 양일 수 있다.

전날 여러 명이 함께 같은 시간 동안, 같은 종류의 술로 같은 양을 마셨다고 가정해보자.

다음 날 아침엔 분명 술이 덜 깨서 힘들어하는 사람도 있을 것이고, 반면에 말끔한 모습으로 출근하는 사람도 있을 것이다. 이런 차이는 왜 일어날까.

술을 마시면 우리 몸은 알코올을 흡수하여 분해하는데, 그 과정은 다음과 같다. 알코올은 간에서 생성된 ADH(alcohol dehydrogenase)와 ALDH(aldehyde dehydroxygenase)에 의해 아세트산으로 바뀌게 되고, 아세트산은 우리 몸 속을 돌아다니다가 물과 이산화탄소로 분해된다. 이 과정 중간에 아세트알데히드라는 녀석이 등장하는데 이 녀석이 바로 숙취의 원인이다. 우리 몸속을 돌아다니며 취했을 때 나타나는 온갖 만행들을 일으키게 된다.

따라서 알코올을 아세트산으로 얼마나 빨리 전환시키느냐에 따라 술을 잘 먹느냐, 못 먹느냐가 결정된다(물론 정확하게 설명하자면 ALDH의 type과 유전자 polymorphism이라든지 blood alcohol concentration, volume of distribution 등 매우 길고 복잡한 이야기를 해야 하지만 여기서 하고 싶은 말을 전달하기 위해 과감히 생략한다).

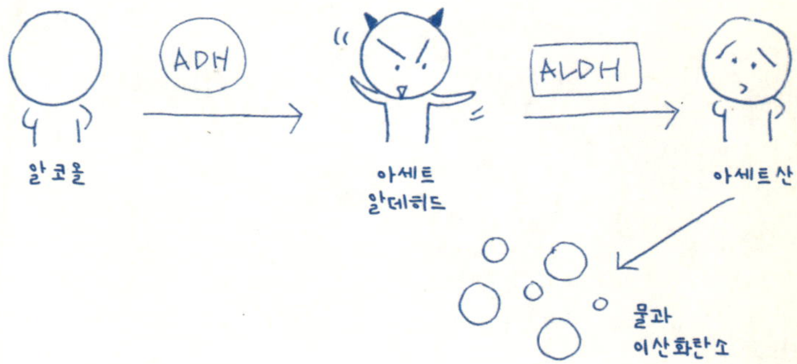

효소의 분비가 느린 간을 가진 사람의 경우에는, 알코올을 처리해내는 속도가 느리기 때문에 몸속에 돌아다니는 아세트알데히드가 늘어나 숙취를 더 많이 느끼게 된다. 반대로 효소의 분비가 빠른 간을 가진 사람은 처리 속도가 빨라서 몸속을 돌아다니는 아세트알데히드의 양이 적기 때문에 잘 취하지도 않고, 다음 날에도 깔끔하게 나타날 수 있는 것이다.

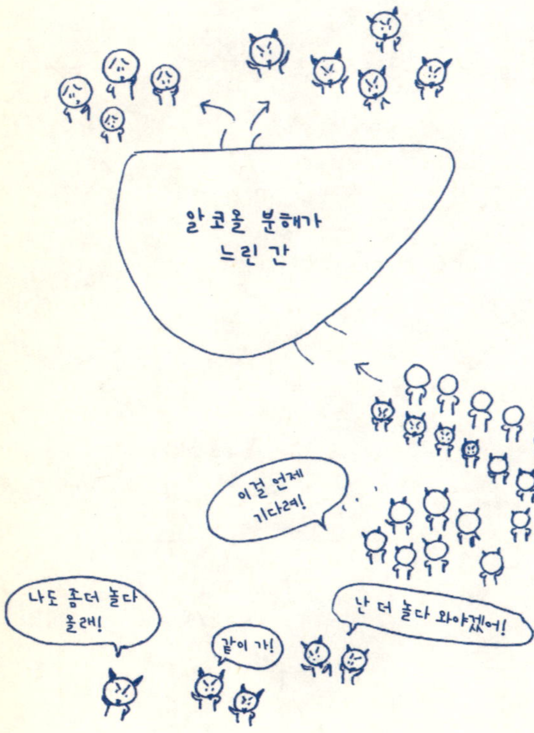

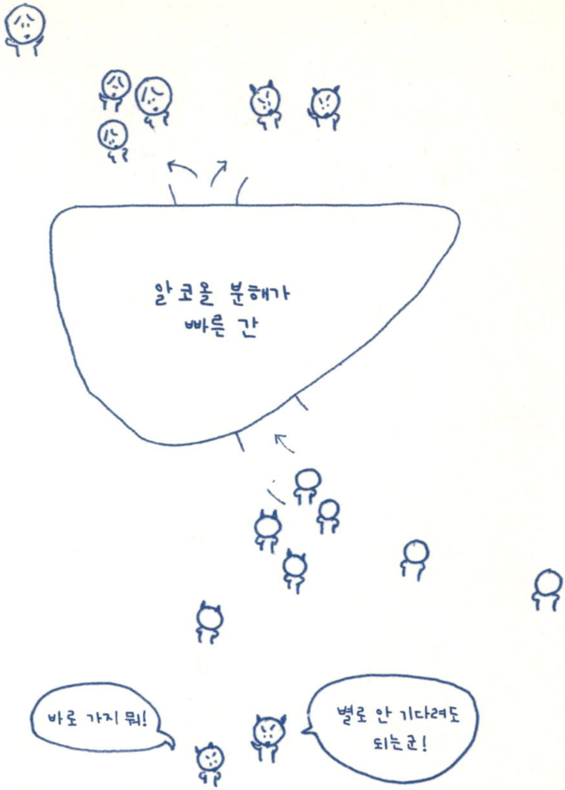

간에서 효소 분비의 차이가 나타나는 데는 유전적인 요인이 크게 작용하지만, 그 외에도 개인의 신체적인 특징과 환경적인 요인, 술을 마실 때의 상황 모두가 영향을 미칠 수 있다. 보통 술을 잘 마시는(간에서 효소 분비가 많은) 사람들은 자신의 간에 대해 어느 정도의 믿음(?)을 가

지고 있고, 반복되는 과음에도 튼튼한 간이 잘 버텨내리라 확신하는 경우가 많다. 물론 술을 잘 못 마시는(간에서 효소 분비가 적은) 사람보다는 훨씬 빠른 속도로 알코올을 분해해내는 것은 사실이지만, 애주가들에게 당부하고 싶은 말이 있다.

당신의 믿음직한 간도 한계를 느끼고 지칠 수 있습니다.

보이스 피싱에 대처하는 제너럴 닥터의 한계

어느 날 전화 벨이 요란하게 울렸다.

난 평소와 다름없이 전화를 받았다.

그리고 들리는 첫 마디는 “우체국입니다” 였다. 계속 들어보니 “우편물이 배달되지 않았으니… 여차저차 해서… 번호를 누르라”는 ARS 멘트였다.

무심결에 전화기로 손이 향한 순간, 다이얼식 전화기를 쓰고 있다는 것을 잊고 있었다. 어떻게 하지, 숫자 1을 돌려 볼까. 고민 끝에 한 번 돌려보았지만 아무 소용이 없었다.

결국 체념하고 말았다. 처음엔 민망했지만 기계식 전화기를 쓰는 덕분에 무심결에라도 보이스 피싱에 낚일 수 없는 제너럴 닥터가 자랑스러워지는 순간이었다(?). 그리고 그 뒤로도 낚시 전화는 계속 걸려온다. 검찰에서도 전화가 오고, 은행에서도 오고, 우체국에서도 온다. 그러나 전화가 올 때마다 우리는 왠지 미안해하곤 한다. 낚이고 싶어도 낚일 수 없으니 말이다.

제너럴 닥터에 있는 소품들은 두 가지 특징이 있다. 낡아 보이는 것이 아니라 진짜 낡았다는 것, 그리고 대부분 제대로 작동한다는 것이다. 작동하지 않는 것들은 아예 다른 역할을 수행할 수 있도록 신경을 썼다. 오래된 라디오나 소형 흑백 TV도 지지직거리지만 제대로 작동하고 나무 실로폰이나 다른 장난감들도 가지고 놀기에 손색이 없다. 예전의 것들이 가진 향수나 이미지만을 눈으로 즐기는 것이 아니라 그 시절의 것들이 가졌던 의미, 우리를 설레게 했던 순간들의 기억을 온전히 되살리고 싶기 때문이다.

김제닥이 애용하는 타이레놀을
한 통 다 비우고는 화분으로 만들어 두었다.
씩씩하던 타이레놀 나무는 언제부턴가
나비의 '일용할 양식'이 되어 사라져갔다.

보이스 피싱에 낚일 염려가 없는
다이얼 전화기는 계산대 옆에 있다.
손님들이 종종 그저 장식품인 줄 알다가 실제로
'따르릉' 하고 울리면 놀란 표정을 짓곤 한다.

작은 비행기는 늘 진료실의 한 쪽 프레임 위에 있다.
아무데도 날아가지 못하지만,
어디라도 가고 싶어 하는 모습이 도시인 같다.

꽤 낡아 보이는 도기로 만든 목마는,
어디에서 났는지 잘 모르겠지만
오늘도 꿋꿋이 자리를 지키고 있다.

제너럴 닥터에는 김제닥의 가족사진이 있다.
어릴 때 엄마, 형과 함께 동물원에서
아이스크림을 먹던 모습.

깨진 칼리타(커피기구를 만드는 회사명) 서버는
아래층에 있는 꽃집에 부탁해서 화분으로 만들었다.
더 이상 커피를 만드는 데 사용할 수는 없지만,
새 삶을 얻은 녀석들이 기특하다.

작은 나무 볼링과 오래 된 라디오는
모두 사용 가능한 것이기도 하지만,
사용하기엔 약간의 어려움이 있다.

'괜찮아요'라는 말의 함정

의사들은 잔뜩 겁먹은 환자들 앞에서 "괜찮아요"라고 쉽게 말하곤 한다. 하지만 이것은 그다지 바람직하지 않은 표현이다.

사실 의사들이 한 마디로 "괜찮아요" 라고 할 때 해석 가능한 의미는 다음과 같이 매우 다양하다.

① 정말 아무런 문제도 아니에요. 질병이 아니니까 처치나 약물도 필요 없어요.

② 아직 뭐라 말하긴 어렵네요. 조금 더 지켜봐야 할 것 같은데….

③ 질병일 수도 있지만 일단 지금 문제가 되는 상황과는 관련이 없는 것 같네요.

④ 뭐가 되었든 별로 문제가 되지는 않을 것 같네요.

⑤ (드물게 사용되어) 난 관심 없어요! (또는) 바빠요!

의료행위에서는 정확하고 효율적인 의사소통이 매우 중요하기 때문에 의료 커뮤니케이션에서 내가 바꾸고 싶은 1순위의 표현은 바로 '괜찮아요'다. 이 한 가지 표현이 내포하고 있는 의미를 환자나 보호자들이 온전히 이해할 수는 없기 때문이다. '괜찮아요'라는 말은 상당히 완곡한 표현인 듯하지만, 그 한 마디에는 환자에게 문제가 없다는 것을 의사가 보장하는 표현이 될 수 있고, 환자나 보호자는 불필요한 오해나 상상을 하게 될 가능성도 높아진다. 따라서 의사는 '괜찮아요'라는 한 마디로 상황을 종결지으려 하기보다는 환자나 보호자가 궁금해하는 점에 관심을 가지고 설명하려는 자세를 지녀야 한다고 생각한다.

바둑이 + 나비 얼굴 그리기 콘테스트

어느날 정제닥 선생님이 연필로 바둑이와 나비의 얼굴 그림을 그리고 있었다. 지기 싫어하는 김제닥도 아이들 얼굴을 그리고는 제닥 식구들에게 어느 그림이 더 나은가 판정해달라고 하다보니 모든 제닥 식구들이 하나씩 그림을 그리는 콘테스트가 되어버렸다. 제닥 블로그에 올려 온라인 투표까지 받았다. 어느 그림이 가장 많은 표를 얻었을까? 당신의 선택은?

참가번호 ❶번
댓글 : 전 1번. 바둑이랑 나비의 성격이 제일 잘 묘사돼 있어요.

참가번호 ❷번

댓글 : 2번! 왠지 억울한 표정이 마음에 들어요!

참가번호 ❸번

댓글 : 잘생기고 귀여운 3번에 한 표 꾹~

참가번호 ❹번

댓글 : 살아있음이 느껴지는 4번으로 하겠습니다.

제닥 블로그에서 이루어진 투표 결과는 다음과 같았다.

참가번호 ❶번	正	5표
참가번호 ❷번	正 下	8표
참가번호 ❸번	一	1표
참가번호 ❹번	𠄟	4표
기권	一	1표

바둑이와 나비의 얼굴은 대조적이다. 정말 잘 생기긴 했지만 억울함이 가득한, 그리고 살짝 부담스러운 눈빛이 특징인 바둑이의 얼굴을 똑바로 바라보면 '푸하하' 하는 웃음만 나온다. 반면 나비의 동그랗고 똘똘해 보이는 얼굴은, 한 마디로 너무 귀여워서 '어머' 하는 감탄사와 함께 턱을 쓰다듬어 주게 된다. 점점 자라면서 자기들만의 개성을 더해가는 두 녀석의 얼굴을 보는 것도 제너럴 닥터 식구들의 큰 즐거움이다.

생리 이야기❶ 생리통이 있을 때 속도 안 좋은 이유

많은 여성 환자들과 이야기를 하다 보면 생리통에 관련된 질문을 많이 받는다. 거의 매달 겪는 일인데도 왜 아픈 건지, 어떻게 해야 통증이 사라지는지, 어떤 약을 어떻게 먹어야 하는지, 심지어 자신이 비정상은 아닌지 등의 질문을 쏟아낸다. 병원에 찾아가서 의사에게 물어본다는 것도 쉬운 일이 아니고, 이렇다 할 대답을 명쾌하게 해주는 사람도 없다. 그래서 진료실에서 환자들에게 자주 설명하곤 하는 생리통 전반에 대한 이야기를 해볼까 한다. 생리통과 소화불량이나 설사 등 여러 가지 증상이 생기는 이유인 COX와 PG라는 낯선 녀석들을 살펴보자.

모든 여성이 생리통을 경험하는 것은 아니다. 일반적으로 여성의 50% 정도가 생리통을 경험한다고 한다. 이 중 대부분은 원발성 생리통이다. 원발성 생리통이라는 말은 쉽게 말해 자궁에 특별한 이상이 없지만 생리통이 생기는 경우이다. 그리고 속발성 생리통은 자궁에 통증을 일으킬 수 있는 질병 때문에 생리통이 생기는 경우인데, 원발성과 비교했을 때 생리통의 기간도 길고(원발성 생리통은 생리 시작 전 12시간부터 며칠간 지속될 수 있다) 통증의 정도도 심해서 일반적인 진통제에는 잘 반응하지 않는다. 이런 경우엔 산부인과에서 원인이 되는 질병을 치료받아야 한다.

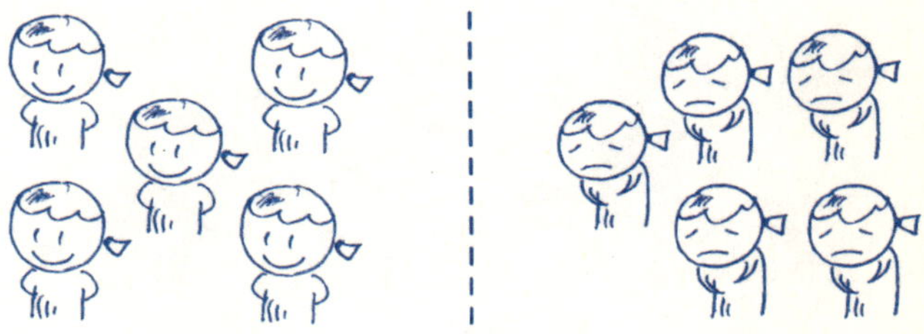

일차성 = 원발성 > 이차성 = 속발성

그럼 대부분의 사람들이 겪는다는 질병이 아닌 (원발성) 생리통은 왜 생기는 것일까. 배란이 끝난 후에 우리 몸에서는 COX(cyclooxygenase)라는 효소가 활성화되고, COX는 PG(prostaglandin)라는 녀석을 자궁세포에서 만들어낸다.

PG는 자궁에서 생리혈을 배출하기 위해 자궁을 수축시키는 역할을 하는데, 이때 자궁 수축은 출산할 때와 비슷한 통증을 유발한다.

또한 PG는 위나 장의 운동에도 영향을 미쳐 소화불량, 메스꺼움, 설사, 심하면 구토 증세를 유발하기도 한다. 그래서 생리할 때만 되면 유독 소화가 안 되거나 며칠간 설사를 하거나 입맛이 없는 것이다.

그런데 생리통의 증상은 사람에 따라 굉장히 다양하고 정도의 차이도 심하다. 그 이유는 단순히 PG라는 녀석뿐만 아니라 개인의 기본적인 건강상태나 피로도도 생리통에 영향을 미치기 때문이다. 생리통에 대해 정리해보면 다음과 같다.

① 생리통을 모든 여성이 겪는 것은 아니다.
② 대부분 자궁에 특별한 문제가 없어도 생기는 원발성 생리통이다.
③ 생리통에는 COX라는 효소와 PG라는 녀석이 주로 관여한다.
④ 그 녀석들 때문에 소화장애가 생길 수도 있다.
⑤ 개인적인 건강상태에 따라서도 상황이 달라질 수 있다.

한 권의 노트를 만들어드립니다

제너럴 닥터는 의료 이용자 한 사람마다 하나의 노트를 만든다. 굳이 개인마다 노트(거추장스러울 수도 있는)라는 기록 방식을 택한 이유는 크게 두 가지다.

첫 번째는 일방적이고 닫힌 기록으로서의 진료 차트에서 벗어나고 싶었기 때문이다. 다양하고 비정형화된 의료 이용자의 언어를 필터링 없이 그대로 기록할 수 있는 '열린 기록'으로서의 도구를 만든다는 것이다.

보통 진료과정에서 의료 이용자의 두서없는 말들은 의료인에 의해 차단되거나, 아니면 기록될 때 걸러져서 몇 마디의 객관적이고 표준적인 의학용어들만 남게 된다.

의료인의 역할은 진료과정을 통해 의료 이용자의 주관적 호소에서 객관적 사실을 찾아내고 이를 통해 진단과 치료를 수행하는 것이기 때문에, 이런 과정이 잘못되었다고만 할 수는 없다. 이미 많은 검사나 객관적 정보가 잔뜩 달려 있는 중증환자를 다루는 3차 의료기관에서는 당연하다고 할 수도 있다. 하지만 애매하고 주관적인 증상만 있고 객관적인 자료가 부족한 경증환자들을 주로 만나는 1차 의료기관에서는 의료 이용자의 주관적 호소를 좀 더 자세히 기록하고 분류할 수 있어야 한다. 그래야 더욱 객관적이고 정확한 정보를 도출해낼 수도 있다.

환자 노트를 만든 두 번째 이유는 의료 이용자와 의료인 간의 '상호적인 소통'을 위해서이다. 사실 일반적인 진료과정에서 문진은 취조 또는 심문과 같은 경향이 있다. 의료인의 몇 마디 질문 그리고 이어지는 환자의 웅얼거리는 답변. 항상 무언가에 눌린 듯한 진료 분위기는 의료인의 개인적 특성도 꽤 많은 영향을 미치지만 차트 작성이 일방적 기록이라는 점도 크게 작용한다.

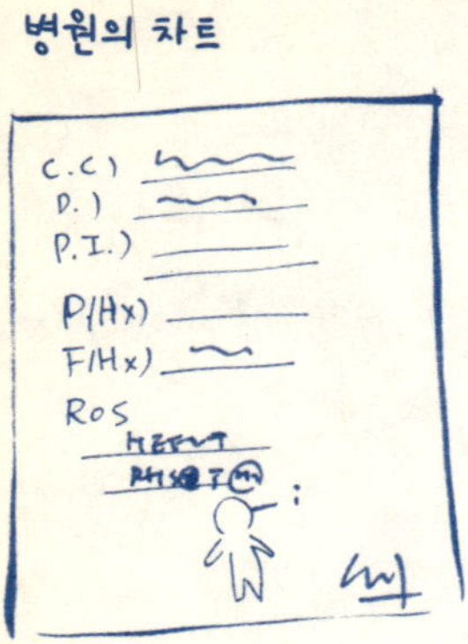

혹 친절하고 설명을 잘 해보고 싶은 의료인이 있어 의료 이용자와 진정한 소통을 하고 싶어도, 의료인의 일방적인 기록으로만 존재하는 의무기록은 상호적 소통의 도구가 될 수는 없다. 의료 이용자에게 설명하려고 해도 기존의 의무기록을 이용해서 설명하는 것은 꽤 번거롭고 불편한 일이다. 혹시 메모를 따로 해가며 그림을 그리거나 설명을 한다 해도, 이런 메모가 의무기록에 고스란히 남는 것이 아니기 때문에 소모적이고 비연속적이라는 문제도 있다.

제닥의 환자 노트

환자 노트는 여전히 의료인이 기록하는 것이다. 하지만 환자의 상태나 이야기를 일방적으로 기록해 의료인만 보는 것이 아니라, 환자에게 의료인이 하고 싶은 말, 보여주고 싶은 것을 적거나 그려가며 의료 이용자에게 전달하기 위한 도구가 된다는 중요한 목적이 있다. 아직은 부족한 부분도 있지만 점점 체계화해서 의사와 환자 사이를 긴밀하게 묶어주는 중요한 소통의 도구가 되기를 기대한다.

진료실의 밤 풍경. 진료실은 밤이 되면
김제닥의 개인적인 공간, 그러니까 침실이 된다.
사진은 척추가 찍었다.

위) 진료실의 시계는 잘도 간다. 환자와 이야기하다가 고개를 들어 보고는 깜짝 놀랄 때가 한두 번이 아니다.

아래) 진료실 캐비넷 서랍 위에는 작은 인형이나 장난감들이 있어서, 어린 환자들의 친구가 되곤 한다.

환자 노트를 정리하려고 꺼내놓았을 때의 모습이다.
지금은 저 때보다 두 배는 늘어나 있다.
환자 노트는 처음에는 가나다라 순으로 정리했지만
양이 점점 많아지면서 숫자로 번호를 매기고 있다.

진료실 책상의 스탠드에는
친한 환자가 철사로 만들어준 풍경이
조용히 매달려 있다.

진료실에서 의사가 앉는 자리는 환자가 앉는 자리보다 불편하다.
제너럴 닥터의 가장 엉뚱한 점이기도 하다.
의사가 푹신푹신한 의자 깊숙이 파묻혀 진료하기보다
환자와 좀 더 친밀하게 소통하기 위해서다.

건강증진의 두 얼굴

의료환경은 사회의 변화에 발맞춰 변해간다. 그래서 사람들이 일생동안 의료 서비스를 이용하는 방식도 많이 바뀌었다. 예전에는 질병의 치료를 위해 병원을 찾거나 의료 서비스를 이용했다면 요즘은 체중조절이나 체질개선, 작은 불편함의 해결 등을 위해 병원을 찾는 일이 늘어나고 있다. 일상생활에서의 건강관리, 건강증진 활동을 위한 노력과 그와 관련된 산업의 비중도 비약적으로 커지고 있다. 누구나 삶의 질을 이야기하고, 건강을 유지하기 위해 많은 돈과 노력을 들인다. 그러다 보니 건강과 상관없을 것 같은 광고에서조차 옆의 그림과 같은 '건강증진'의 이미지를 접하곤 한다.

(그림으로는 그렇게 보이지 않을지 모르겠지만) 젊고 건강한 미녀가 귀여운 강아지와 함께 한강변의 바람을 가르며 여유 있게 조깅하는 모습. 얼마나 여유 있고 즐겁고 편안해 보이는가. 사람들이 건강증진이라 말할 때 떠올리는 저런 이미지가 건강을 즐기고, 건강을 유지하는 모습일 것이다. 하지만 우리가 조깅을 할 때 정말 저런 여유를 가지고 있을

까? 나도 종종 한강변을 달리거나 자전거를 타지만, 마주치는 많은 사람들을 보면 이런 생각이 들곤 한다. "사람들은 정말 이걸 즐기고 있을까?"

〈건강을 유지하기 위한 노력〉

어쩌면 사실은 이런 게 아닐까. 젊은 여성이 강아지와 한강을 달리고 있지만, 왜 저렇게 안쓰럽고 힘들어 보일까. 과연 자신을 행복하게 만드는 것일까? 저렇게 건강을 잃지 않기 위한 고행을 매일 매일 한다는 건 바보짓이라고 생각한다.

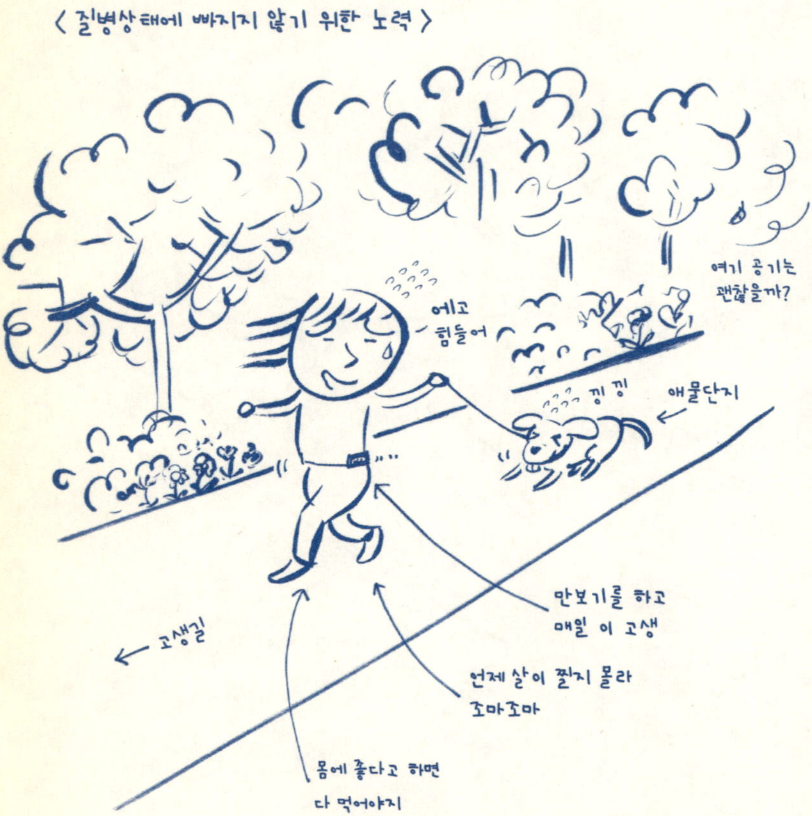

진료실에서 만나는 환자들 중 많은 이들은 이렇게 이야기하곤 한다. "나름대로 건강을 위해 좋다는 것도 많이 하고 이런저런 노력을 하고 있는데 왜 난 이렇게 안 좋을까요?" 건강한 편인 사람들조차 자신의 건강함보다는 문제를 크게 보고, 앞으로 더 나빠질 것에 대해 두려워하는 것이다. 이런 문제가 나타나는 것은 두려움을 생산하고 소비하는 자본주의사회의 메커니즘도 중요한 원인이겠지만 모두 쉽게 건강을 이야기하면서도, 정작 건강의 정의를 잘못 생각하고 있는 것은 아닐까.

건강의 반대는 '질병이 있음'이 아니라 '건강하지 않음(불(不)건강)'이다. 하지만 좀 건강하지 않다고 해서 질병 상태에 있는 것은 아님에도 많은 사람들은 '건강하지 않음=질병'으로 오해하고 있다. 그리고 '불건강=질병'으로 이해하게 되면 아래와 같은 관계에 의해 '건강=비(非)질병상태'로 무심코 받아들이게 된다는 것이다.

건　강 ◀------------------------▶ 不건강

非질병 ◀------------------------▶ 질　병

내가 지금 누리는 건강이 그저 병에 걸리지 않은 일시적인 상태일 뿐이라면 얼마나 힘 빠지고 무서운 일일까. 우리 주변에는 온통 우리의 연약한 건강을 위협해 바로 질병으로 빠지게 할 무서운 것들 뿐일 테니 말이다.

정부에서도 육성한다며 난리법석이고, 너도 나도 해보겠노라고 뛰어드는 전도유망한 헬스케어(healthcare) 산업은 우리를 더욱 건강하게 하고, 삶을 더 행복하게 만들어주는 것이 되어야 한다. 하지만 헬스케어 서비스를 준비하는 회사의 자문 역할을 하면서 나조차도 간과하고 있었던 부분은 정말 '건강한 것'에 대해 질병과 지나치게 연관지어 생각하고 있었다는 점이다. 헬스케어 서비스 산업이 올바르게 발전하고, 건강증진 활동이 올바르게 정립되려면 우리가 건강을 바라보는 시각이 바르게 서야 한다.

WHO에서 정의하고 있는 건강은 별 것이 아니다. '신체적, 정신적, 영적 웰빙(well-being) 상태'인데, 이 웰빙이라는 단어가 우리 사회를 뒤흔들기도 했지만 사실 그 뜻은 그저 '잘 지내는, 괜찮은' 것 일 뿐이다. 당신이 스스로 생각하기에 '괜찮다'면 건강한 것이다. 그렇게 믿어도 좋다. 그런 생각이 오히려 당신을 건강하게 만들 것이다.

바둑이의 김제닥 활용법

바둑이는 한 달 정도밖에 되지 않은 아기 때부터 제너럴 닥터에서 우리와 함께 살았다. 그때, 주변에 대해 두려움도 많던 아기 고양이인 바둑이를 위해 두꺼운 종이로 바둑이의 넓은 거처를 마련해주었다. '바둑이랜드'라고 불린, 집과 화장실과 식당, 놀이터, 그리고 밖으로 나올 수 있는 경사로까지 모두 갖추어진 대저택(!)은 한동안 바둑이의 편안한 거처가 되었다.

하지만 바둑이가 점점 커가면서, 약 50cm 높이의 바둑이랜드 외벽을 박차고 나올 기세가 되었다. 잠도 환자 침대에서 자는 것을 더 좋아하게 되자 바둑이랜드는 애물단지로 전락하고 말았다. 그래서 바둑이가 가끔 사용하는 추억의 별장 정도가 되어버린 바둑이랜드를 철거하고 그 건축자재(종이)로 화장실을 넓게 만들어주기로 했다. 바둑이가 자는 사이 기습적으로 단행된 '바둑이랜드 재건축 사업'의 결과, 바둑이는 익숙한 공간이 사라져버리자 적잖이 당황하는 눈치였다.

바둑이가 당황하는 것도 안쓰러웠지만, 사람들이 먼지를 날리며 걸어다니는 바닥에서 밥을 먹게 하는 게 마음에 걸렸다. 그래서 바닥에 있던 밥그릇을 옮겨 근처에 있는 긴 의자 위에 식탁을 마련해주었다.

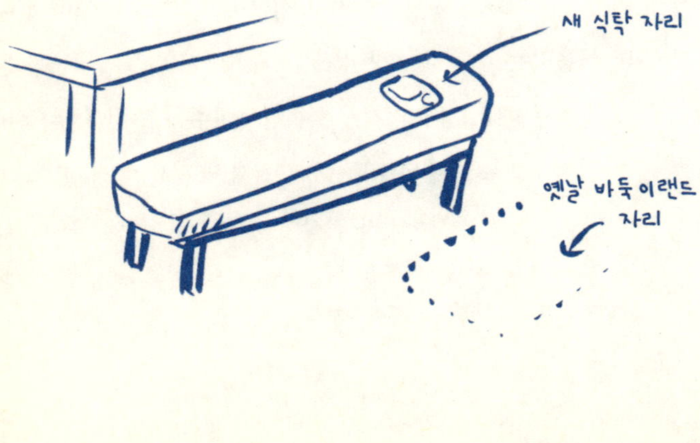

그런데 문제는 소파의 높이가 예전 바둑이랜드 외벽 높이 정도여서 오르기 쉽지 않다는 것이었다. 바둑이가 지금은 다 자라서 못 올라가는 곳이 없지만, 이 무렵만 해도 소파에 올라가려면 안간힘을 써야 했다. 당시 주로 쓰던 방식이 일단 앞발을 올리고 뒷다리로 차면서 올라가는 식이었는데,

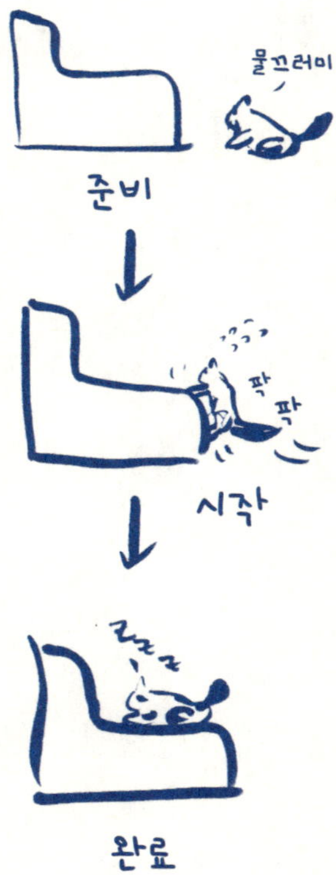

문제의 긴 의자는 뒷다리를 걸 수가 없어서 바둑이가 그냥 올라가기는 어려웠다. 실제로 뛰어 놀다가도 긴 의자에 올라가려면 도움닫기를 해야 했고, 준비가 부족할 때는 못 올라가는 경우도 있었다.

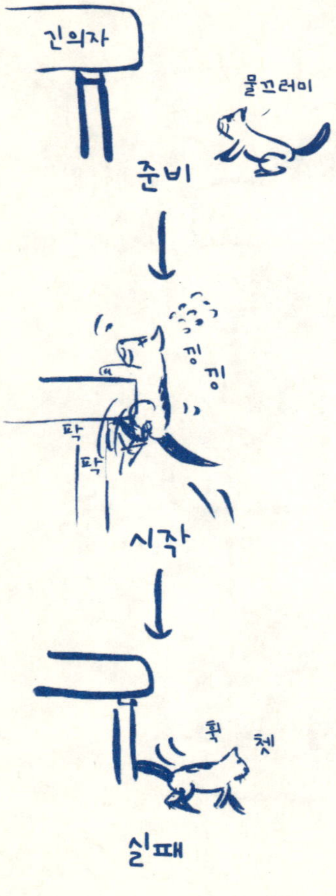

이런 상황이다 보니 바둑이가 새로운 식탁 위치를 잘 기억하고, 익숙하게 밥을 먹을 수 있도록 하기 위해서는 이 녀석의 점프능력을 제대로 검증해야 했다.

바둑이가 어떻게 올라와서 밥을 성공적으로 먹는지 보기 위해 일단 긴 의자 위에 밥을 놓았다. 바둑이는 '밥'이라는 말을 정확하게 알아듣기 때문에, "바둑아, 밥 먹어~"라고 외쳤다. 그런데 나의 예상과 달리 바둑이는 긴 의자에 어렵게 매달리지 않고 바로 내 쪽으로 다가와 다리에 찰싹 매달리는 것이 아닌가.

바둑이는 잠시의 망설임도 없이 나를 타고 올라가 밥을 향해 돌진해 여유롭게 식사를 시작했다. 이 순간 바둑이에게 나는 한낱 이용 가능한 지형지물에 지나지 않았다! 적어도 그냥 의자에 뛰어 오르려고 시도라도 했어야 하는 게 아닌가? 최소한 나에게 밥을 달라고 야옹거리기라고 했어야 하는 게 아닌가 말이다.

서운함을 뒤로 하고 냉정히 바둑이의 생각을 추측해보니, 아마 바둑이는 내 다리에 매달리기 전 이렇게 판단한 것 같았다.

"지금까지 경험상 나는 그냥 올라가지는 못한다옹. 그렇다면 '저기 있는 저 다리'를 이용하면 되겠다옹~~! 역시 난 천재다옹." 그러니까 나는 바둑이의 인식 속에 '저기 있는 저 다리'가 달려 있는 대상이었던 셈이다. 바둑이의 인식 속에서 나는 이런 존재가 아닐까.

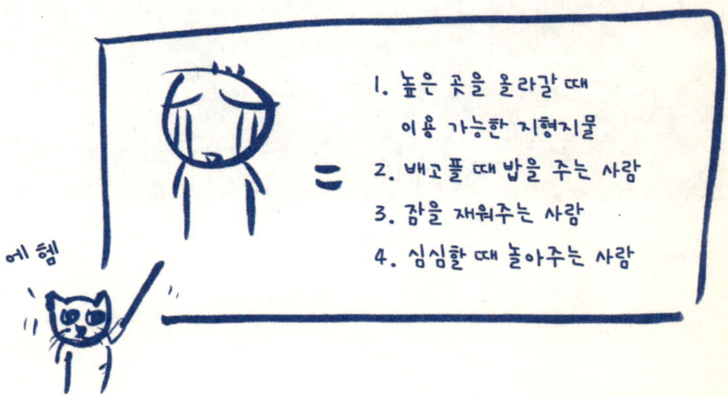

종이로 만든 바둑이랜드.
바둑이가 유년시절을 보낸 곳이다.
큰 입으로 웃고 있는 상자가 바둑이의 침실이었다.

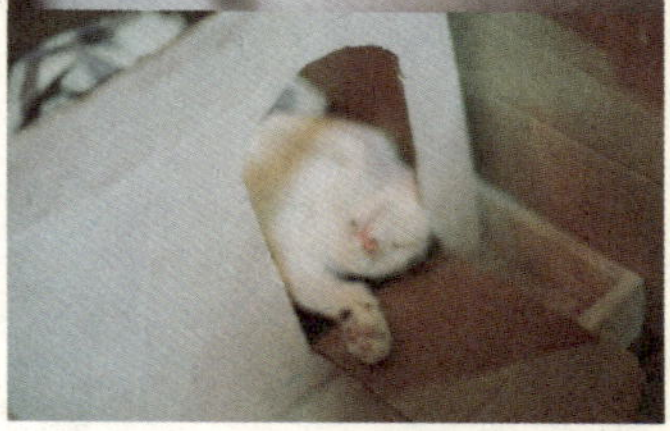

바둑이의 잠버릇은 좀 특이하다.
아주 어릴 때는 바둑이랜드 속에서 저렇게
벽에 머리를 대고 자곤 했다.

엄청난 몸 길이와 다소곳한 다리가 어색한 바둑이.
더 어이없는 것은 저렇게 안긴 채
제닥을 몇 바퀴는 돌 수 있다는 것.

바득이의 식탁.
히노키 나무 상자를 식탁으로,
무인양품의 백자그릇을 밥그릇으로 사용한다.

오른쪽) 바둑이는 안긴 채로 잘 잔다.
아기를 안아주듯, 조심스레 안고 토닥여주면
어느 새 잠드는 녀석을 보고 종종
'뭐 이런 녀석이 다 있어' 하는
생각도 들지만 그저 귀여울 뿐이다.

크리스마스 특집.
금방 울 것 같은 산타 바둑이.
모자가 멋지다, 얘.

마스크를 착용할 때의 장점

겨울에는 한 번씩 감기가 돌아서 온통 주변에 감기 걸린 사람으로 가득 차곤 한다. 그동안 다른 이유로 나에게 진료를 받던 분도 주말에 감기에 걸려 하루종일 꼼짝없이 누워 있어야 했다고 한다. 회사 사무실에 감기 바이러스가 퍼져 직원 20여 명 중 4명을 제외하고는 모두 걸렸다고 하니 정말 지독했던가 보다.

보통 이렇게 되면 누구 탓이라고 하기도 민망한 상황이 되는데, 대표적인 전염성 질환이자 감염 관리가 어려운 감기는 마스크만 착용해도 꽤 많은 도움을 얻을 수 있다. 하지만 젊은 사람들, 특히 외모에 신경을 쓰는 사람들은 마스크를 흉하게 쓰고 다니느니 감기에 좀 걸리고 말겠다는 생각을 한다. 앞에서 언급한 사무실도, 만약 모두 마스크를 쓰고 조용히 앉아서 일을 하고 있었다면 다른 일로 사무실을 방문했던 사람이 기겁을 했을지도 모르겠다.

이렇게 코믹한, 하지만 정말 필요한 마스크의 착용을 장려하기 위해서 마스크의 장점에 대해 환자에게 알려주었다.

❶ 타인의 바이러스 침투를 막을 수 있다.
❷ 자신의 바이러스를 내보내지 않을 수 있다.
❸ 휴대용 가습기 역할을 한다.
❹ 미용상 이점이 있다(얼굴 노출을 줄일 수 있다).
❺ 입냄새 난다는 핀잔을 피할 수 있다.
❻ 방 청소를 할 때 맛없는 먼지를 먹지 않는다.
❼ 야구모자와 함께한다면 연예인 흉내를 낼 수 있다(?).

❸ 휴대용 가습기 역할을 한다는 것에 대해 좀 더 설명하자면 이렇다. 우리가 내쉬는 숨에는 자연적으로 습기를 머금고 있는데, 마스크를 사용하면 날숨의 일부를 다시 호흡하게 되어 자연스럽게 가습 효과를 얻을 수 있다. 덧붙여 차가운 바깥 공기를 막아주는 효과도 있다.

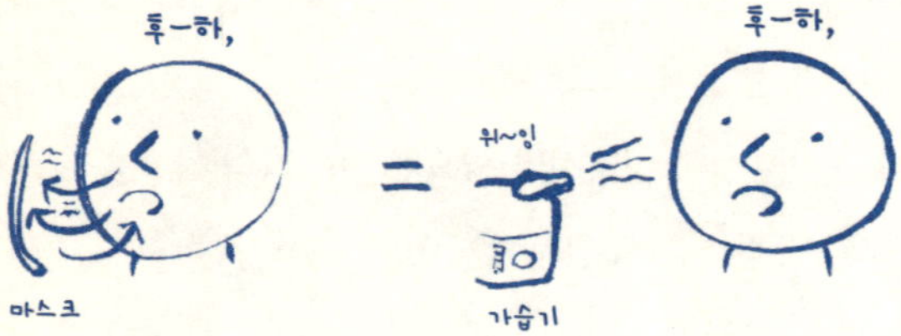

어찌 보면 우스꽝스러울 수도 있는 마스크의 필요성이지만, 이 그림을 보여주며 설명했던 환자는 잘 이해하는 듯했다. 만일 이 글을 읽는 당신이 마스크에 대해 다시 한 번 생각하게 되었다면, 혹시 기침을 하면서 '마스크를 사 볼까' 하고 고민한다면 그것으로 충분하다.

내가 누구인지 말할 수 없는 자

김제닥은 제너럴 닥터에서 다음과 같은 일들을 한다.

❶ 커피를 비롯해 음식을 만든다.

❷ 진료를 한다.

③ 장을 본다.

④ 발레파킹을 한다.

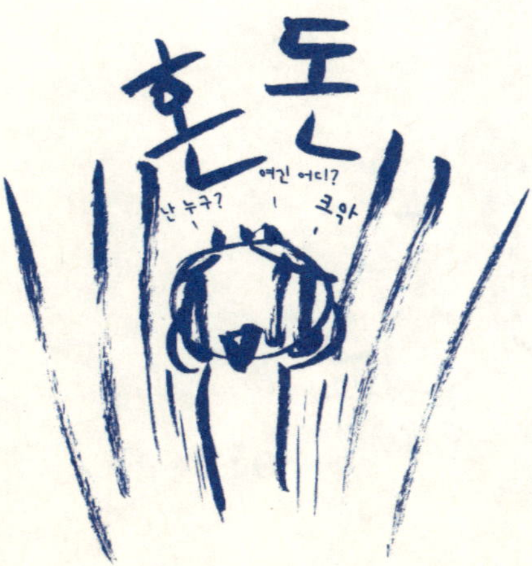

이 밖에도 기획서를 만들고 출판 준비를 하며 사업 계획을 짜고 사진도 찍고 그림도 그리고 발명(!)도 한다.

내 자신이 이렇게까지 정체성의 대혼란을 겪는 것은 아니고 난 분명히 의사로서, 병원을 운영하는 것이라고 믿고 있긴 하지만 제너럴 닥터에서 일어나는 일이 워낙 다양해서 내가 해야 하는 일도 하염없이 늘어날 뿐이다. 하지만 이렇게 서로 상관없어 보이는 많은 일을 하다 보니 어떤 사람들에게는 좀 혼란스럽게도 보이나보다. 나에게 "어느 것이 주업이냐"고 묻거나 "인적 자원의 낭비"라는 식으로 말하는 사람들도 있었다.

심지어는 아래처럼 살짝 웃음을 참으면서 무시하는 듯한 표정(아, 그림 실력의 한계를 이해하시라)으로 쳐다보며 내가 하는 일들에 대해 그저 민망한 노력이나 지혜가 부족한 행동쯤으로 평가해버리는 사람들도 있었다. 하지만 내가 하는 모든 일들이 지금 이곳에서 내가 해야 하는 일들이라는 것을 잘 알고 있다.

그리고 모두 내가 원해서 선택한 일이고, 좋아하는 일이기 때문에 기쁘고 즐거울 뿐이다. 나는 의사도 바리스타도 주차 관리요원도 아니다. 나는 어느 한 명칭에 얽매이는 사람으로 여기 존재하는 것이 아니라 그저 '내가 하고 싶은 일을 하는 사람'으로 하루하루를 살아가고 있는 것이다.

의료적 도움이 필요한 사람이 오면 내가 가진 지식으로 도움을 주고 맛있는 음식과 휴식이 필요한 사람에게는 최선을 다해 커피와 먹을거리를 대접한다. 주차가 엉망으로 되어 있다면 다시 차를 대주고, 주차가 서툰 다른 층의 가게 주인 대신 차를 세워 주기도 한다.

꿈을 현실로 만들기 위해 미친 듯이 계획을 세우고, 그림을 그리고, 글을 쓰며 머리를 쥐어짠다. 함께 할 사람들을 모으기 위해 도움이 될 수 있는 사람들을 만나서 프레젠테이션을 하고 필요하다면 강연도 한다.

이렇게 서로 연관이 없어 보이는 모든 일들을 한 문장으로 묶으면 나는 '꿈을 꾸는 사람'이다. 그리고 그 꿈에 다가가기 위해 노력하는 사람이다. 내가 하고 싶은 일을 하면서 온몸으로 세상과 소통하고 부딪치고 있는 것이다. 나는 정체성의 혼란을 겪기보단 그 어느 때보다 나 자신을 명확하게 느끼며 사는 행복한 존재다.

강남 아이들은 정말 불행한가?

강남 지역의 아동 정신 질환 비율이 전국 최고라는 통계의 신문기사를 보았다. 한 신문은 "잘 사는 지역 아동이 정신질환 비율 높다"라는 자극적인 제목의 기사를 올렸고, 다른 신문들도 "강남 아이들이 '정신과' 많이 찾는다", "돈과 행복은 반비례?…강남 학생 정신질환 전국 최고"라는 헤드라인을 뽑았다.

그 출처는 보건복지부와 통계청이 제시한 자료를 국회 보건복지위에서 모 의원이 공개한 것이었다. 대체! 이게 뭐하는 짓인가. 강원도 산골과 강남 한 복판을 비교해보자면 당연히 강남에 정신과가 훨씬 더 많을 것이다. 게다가 정신과를 찾을 만한 경제적 여유가 있으니까, 혹은 학습 클리닉이 정신과에 있기 때문에 강남의 정신과 이용 비율이 상대적으로 더 높을 수 있다. 그러나 '그 외에도 시사하는 바가 있다'는 식의 기사를 써서 무슨 주장을 하고 싶은 것인가. 자료를 공개한 모 의원의 주장은 "왜곡된 교육과정과 사회 분위기를 개선하는 게 시급하다"고 말하는데, 정녕 참된 주장을 하고 싶다면 참된 자료를 가지고 하는 것이 더욱 중요하지 않을까. 사람들은 이런 것에 의해 너무 쉽게 선동되기 때문이다.

게다가 이 기사를 다루는 언론의 자세는 또 어떤가. 자극적인 제목의 기사를 써 놓고는 강남 아이들이 불행하다, 하하. 돈 많이 들여서 공부시키고 조이고 압박하고 그런 게 행복은 아니야, 라는 이야기를 하면서 측은하게 여기고 싶은 것인가? 학업 스트레스나 경쟁 위주의 교육이 정신 건강에 좋을 리야 없겠지만 이 통계는 애초에 기사거리도 되지 못한다. 기본적으로 통계적 오류 가능성이 큰 데서 생긴 단순한 해프닝이기 때문이다.

이번 일과 비교할 수 있는 아주 좋은 예가 있다. 바로 자폐 장애(autistic disorder, 자폐증)이다. 자폐 장애는 1943년 미국 존스 홉킨스의 정신과 의사인 레오 캐너(Leo Kanner)에 의해 처음 정의되었다. 10년 정도 진료한 환아 11명의 경우를 통해 자폐를 정의하는 등 자폐 장애에 있어 캐너 박사의 공로는 매우 크다. 하지만 이 분을 비롯한 동시대의 많은 사람들이 범한 중대한 오류가 있었으니, 바로 모 의원이 범하고 그것을 보도한 신문이 범한 오류와 같은 것이다.

당시의 자폐 환자들은 대부분 상류층의 아이들이었고, 부모들은 모두 바쁜 사람들이었다. 그래서인지 자폐의 원인에 대해 기술할 때, 심인성 이론(psychogenic theory)라 하여 부모가 아이를 양육하는 방식에 의해 자폐를 일으킨다고 결론지었고 그것이 거의 진실처럼 받아들여졌다. 하지만 1960년대 득세한 이 이론은 현재 거의 근거가 없는 것으로 판명되었다. 현재 자폐는 뇌 발달장애의 일종이라는 것이 정설이다.

현재 진실은 밝혀졌으니 문제가 없을까? 아니다! 자폐를 겪는 아이들의 부모들이 아직도 말도 안 되는 오해를 받고 있다. 최초에 잘못된 원인이 제시되었기 때문에 아이에게 더욱 극진한 사랑을 베푸는 엄마들이 수십 년이 지난 지금까지도 죄인취급을 받고 있는 실정이다. 이 심인성 이론이 폐기되기까지의 오랜 시간동안 자폐아동의 어머니들은 손가락질을 받았고 스스로 자신을 탓해야 했다. 잘못된 통계 분석 하나가 얼마나 많은 사람들에게 고통을 줄 수 있는지 무서울 따름이다.

강남의 아이들이 정신과를 더 많이 찾는 것은 사실이다. 하지만 여기까지만 사실이다. 강남 아이들이 학업 스트레스를 더 받기 때문이라는 근거는 이 통계의 어디서 찾을 수 있는 것일까? 이렇게 따진다면 "상수도 보급률이 높은 나라에서 우울증 발병률이 높다"고 하는 통계도 성립할 수 있다. 수돗물 정화처리를 하는 과정에서 아무래도 우울증에 더 걸리기 쉬운 무언가가 생성된다고 믿어야 하는 것일까?

예전에 회자되던 "Bread is dangerous"라는 우스운 통계가 생각난다. 빵을 주식으로 하는 서쪽 나라들의 이야기이다. "범죄자들이 거의 대부분 범죄 전 식사에 빵을 먹었다고 하고, 예전에 빵이 없던 원시시대에는 지금과 같은 질병이 없었다"는 근거를 내세우며 "빵은 위험한 음식이니 학교 주변에 bread-free zone을 만드는 등의 노력을 해서 빵을 먹지 말도록 해야 한다"고 주장한다. 물론 농담으로 만든 이야기다.

저 의원님이나 기자님들에게 이 통계를 보여주면 원문의 주장처럼 학교 주변에 bread-free zone을 설치하자고 할지 궁금하다. 나는 묻고 싶다. '왜 당신은 통계를 가지고 이런 장난을 하시나요'라고. 이런 잘못된 기사로 인해 한 가정에서 부부싸움이 더 일어나고 사람들이 불행해지고, 불안해한다면 누구의 잘못일까. 앞으로 새로운 정보를 다루는 사람들은 그것을 선정적으로 진실인 것처럼 쉽게 공표하지 않기를, 그리고 우리 사회에 또 다른 편견이 자라나지 않기를 바랄 뿐이다.

아기 바둑이와 김제닥 아저씨와 이름 모를 어린이.
바둑이는 어릴 때 저렇게 담요로 돌돌 말아주면 좋아했다.
이름 하여 '바둑이말이'.

아기 바둑이가 고개를 갸우뚱하고는 나를 쳐다본다.
바둑이는 처음에 코에 상처가 나 있었다.

산타 모자를 쓴 크리스마스 특집!
어이상실 바둑이. 눈에 힘 좀 빼시지?

베어 브릭 두 마리가 춤을 추고 있는 계산대 앞.
제너럴 닥터의 소품들은 자유분방하다 못해 다소 산만하다.

나비는 왜 김제닥을 무시할까?

나비는 언제나 웃는 얼굴이다. 동그랗고 맑은 눈으로 나를 빤히 바라볼 때면 혹시 혼낼 일이 있다가도 나비의 미모에 반해 혼낼 일을 잊어버릴 정도이다.

나비는 총총총 걸어갈 때도

캣 그라스에 몰입해 있을 때도

기지개를 켤 때도

하지만 이렇게 귀여움으로 똘똘 뭉친 나비가 무시하는 존재가 있었으니 바로 김제닥이다. 원래 고양이는 사람이 하는 말을 알아들어도 들은 척 만 척 한다지만, 나비는 걸어갈 때도, 캣 그라스를 먹을 때도 기지개를 켤 때도, 김제닥을 항상 못 본 채 한다. 애완동물이 주인으로부터 관심을 받고 싶어 하는 만큼, 사람도 애완동물로부터 관심을 받고 싶은가 보다. 어쩌면 그것이 애완동물(혹은 반려동물)을 키우는 이유는 아닐까.

나비에게 김제닥이란 사람이기는 커녕 관심의 대상조차 되지 못한다. 나비의 귀여운 캐릭터가 사실은 위장된 것이며 원래 사람 '따윈' 관심이 없을지도 모른다는 생각이 들기도 하지만 정제닥이 부를 때엔 재빨리 달려가고, 졸졸 따라다니는 것을 보면 그것도 아닌 모양이다. 아마도 나비는 나에게 뭔가 서운한 기억을 가지고 있는 것 같은데, 나는 특별히 한 사건 때문이라고 생각하지 않는다. 나비가 손님의 물을 마시려고 하거나 사고를 치면 내가 나서서 혼을 내곤 했던 일들이 이런 사태를 초래하지 않았을까.

나비야~
야~옹
바로

으흑흑
종 종 종

동상이몽이 되기 쉬운 진료

진료과정은 의사와 환자 모두에게 불쾌한 경험이 되는 경우가 있다. 환자는 의사들에게 불평을 한다. 의사는 환자의 말을 귀담아 듣지 않고 약만 주려 한다고. 하지만 의사들도 불평한다. 환자들은 너무나 자신의 문제만 말하려 하고 정작 의사의 지시는 따르려 하지 않는다고. 물론 아주 나쁜 의사, 아주 나쁜 환자들도 있어서 심각한 문제를 일으키기도 하지만, 이런 경우는 어느 직종이나 분야에서도 존재하는 문제니까 일단 논외로 하자. 여기에서 말하고 싶은 것은, 환자와 의사가 모두 일반적인 사람들이고 악의가 없음에도 서로에 대한 오해가 생겨날 수밖에 없도록 만들어진 진료과정에 대한 분석이다.

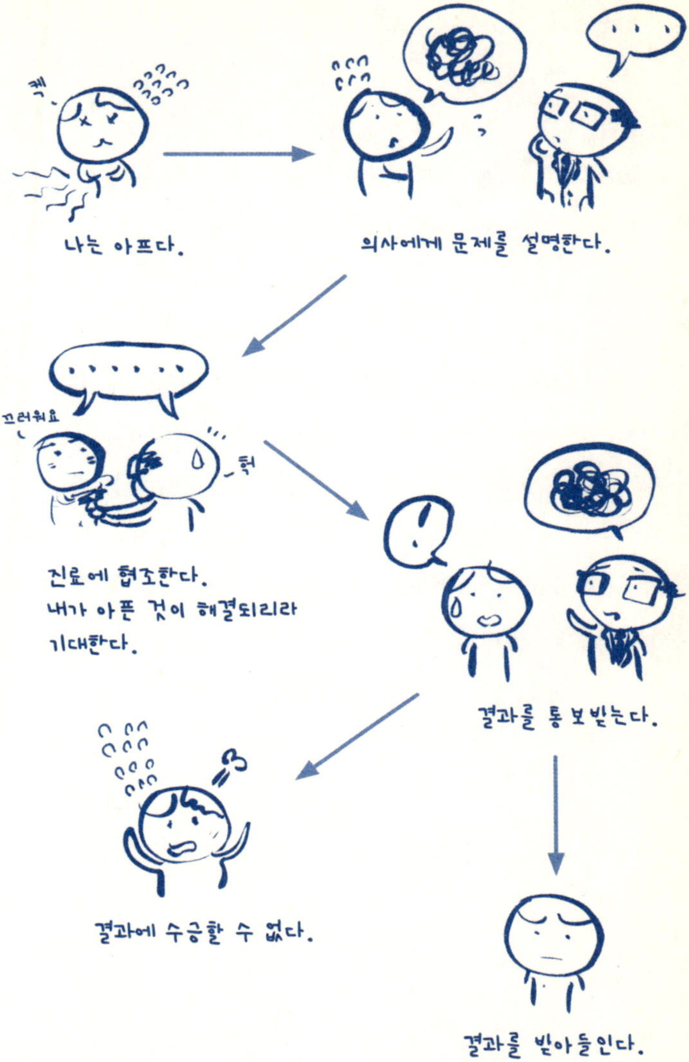
켁
나는 아프다.
의사에게 문제를 설명한다.
부끄러워요
휙
진료에 협조한다.
내가 아픈 것이 해결되리라
기대한다.
결과를 통보받는다.
결과에 수긍할 수 없다.
결과를 받아들인다.

환자 입장에서

환자는 '아픈 것', 즉 증상에 집중하고, 증상의 해결을 목적으로 진료에 임하는 경우가 많다. 환자는 '이 사람이 나의 증상을 해결해줄 것'이라고 기대한다. 하지만 증상의 해결은 종종 질병의 해소 또는 근본적인 치료와는 거리가 먼 경우가 있다. 환자도 이 사실을 알기도 하지만, 아프다는 것에 집중할 수밖에 없는 인간의 특성상 머릿속에는 '병이 낫다=안 아프다'라는 거친 등식이 대략적으로 성립하기 쉽다. 의사와 환자의 기본적인 입장 차이는 일단 여기서부터 시작된다.

머리가 아프거나 속이 안 좋아서 병원에 갔지만, 검사를 하고 나서도 별로 문제가 없다는 말을 듣게 되는 경우 환자들은 또 다른 불안감에 휩싸인다. 환자는 불편하고 아프고 힘들지만 의사는 통증에 대해서는 별 관심을 보이지 않고, "이상이 없어요. 괜찮다니까요"라고까지 말하기도 하는데, 이것은 환자에게 그리 유쾌한 경험일 리 없다.

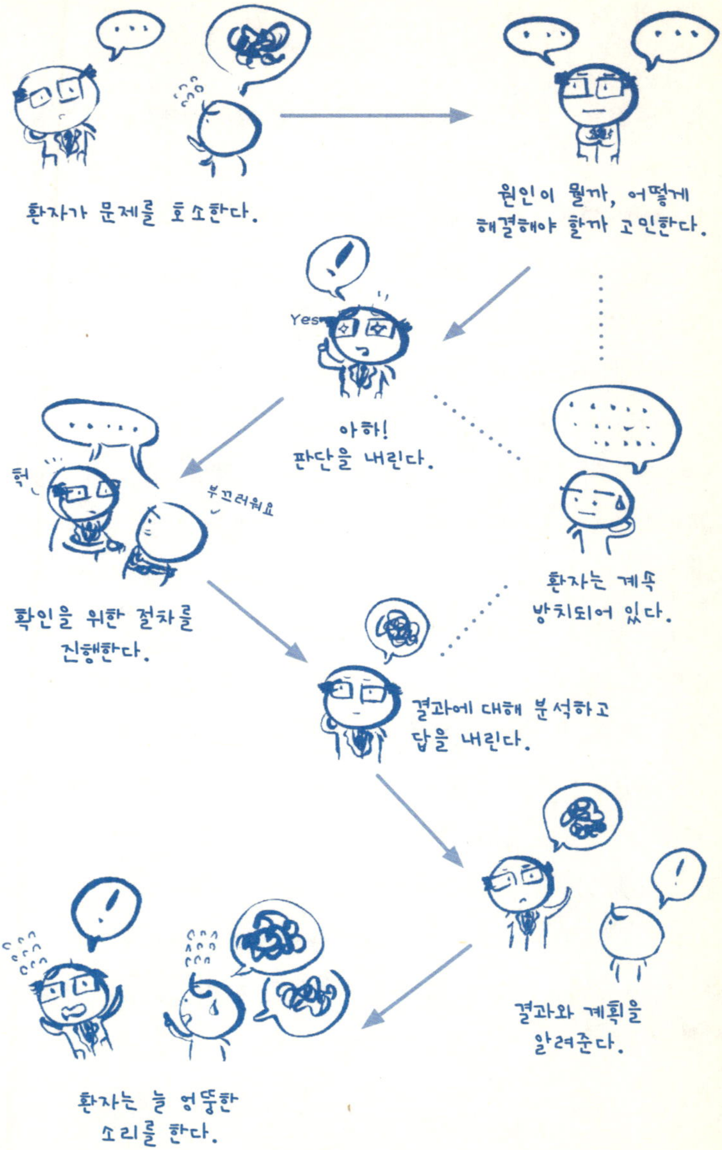
환자가 문제를 호소한다.
원인이 뭘까, 어떻게
해결해야 할까 고민한다.
Yes
아하!
판단을 내린다.
환자는 계속
방치되어 있다.
헉
부끄러워요
확인을 위한 절차를
진행한다.
결과에 대해 분석하고
답을 내린다.
결과와 계획을
알려준다.
환자는 늘 엉뚱한
소리를 한다.

의사 입장에서

의사는 환자의 문제를 들으면서 자신의 지식범위 내에서 수많은 감별 과정을 거친다. 이를 위해 필요하다고 생각되는 검사나 진단 도구를 활용하게 된다. 이 과정에서 환자와 의사 사이에 오해가 생기곤 하는데, 이런 과정 자체는 잘못이 없다. 이것이 현대 의료의 과학적 접근 방법이기 때문이다. 하지만 문제는 의사의 이 모든 진행과정에서 '환자가 가만히 있어야 한다(그럼으로써 배제된다)'는 점이다.

환자는 의사가 대체 무슨 생각을 하고 있는지, 무엇을 진행하고 있는지 전혀 알 수 없다. 아마 자세히 알려준다고 해도 전문 지식이 상대적으로 부족하기 때문에 온전히 이해하기 쉽지 않을 것이다. 게다가 진단과정의 큰 흐름에서 완전히 배제되어 있으니 자신을 둘러싸고 무슨 일이 일어나는지 전혀 알 수가 없다.

결과적으로 이런 일방적인 진료과정을 통해 의사가 어떤 결론을 내리고, 환자에게 의학적 견해를 알리거나 처치 · 진단을 했을 때 환자는 전후 맥락을 모른 채 결론만을 접하게 된다. 지금까지 의사와 환자는 서로 다른 생각을 해오다가 그 간극을 한 순간에 좁혀야만 하는 갑작스럽고 당황스러운 상황에 놓이게 된다.이 상황에서도 의사는 환자의 느낌에 대해 생각하기보다는 자신의 진단이 맞는가, 진단 이후의 치료가 잘 될 것인가에 집중하려 하고, 그것만으로 문제가 해결되었다고 생각하기 쉽다. 하지만 환자는 잘 따라가지 못하고 종종 (의사 입장에서 보기에는) 매우 엉뚱한 이야기를 하곤 한다.

환자의 입장에서도, 의사의 입장에서도 이렇게 오해와 불필요한 갈등을 유발하는 진료는 즐거운 과정이 아니다. 단지 "환자를 이해하세요. 설명을 잘해 주시구요"라고 의사에게 교육하거나, "의사의 판단과 지시는 잘 이해하고 존중하고 따라야 당신의 문제가 잘 해결되는 것입니다. 의사는 전문가잖아요"라고 환자에게 다른 교육을 한다고 해서 문제가 해결될 것 같지는 않다. 가장 중요한 것은 앞에서 살펴본 것처럼 환자와 의사가 서로 배경이나 관점이 다르기 때문에 시각 차이가 있다는 것을 인정하는 것이다. 진료과정에서도 이런 차이를 충분히 고려해서 시각 차이를 해결할 수 있는 시스템을 만드는 것이 중요하다.

보이는 것이 전부가 아니다

제너럴 닥터의 화장실은 남녀 공용이다. 같은 화장실 입구로 들어가면 좌우 칸만 구분되어 있기 때문에 동시에 남녀가 들어가면 다소 민망한 상황이 연출되곤 한다. 분명 서로 눈에 보이지는 않지만, 소리가 잘 전달되기도 하고, 냄새마저도 틈 사이로 새가지 않을까 걱정도 되는 것이다. 공간이 부족하다 보니 이렇게 만들 수밖에 없었지만 사람들도 큰 불만 없이 잘 쓰고 있다. 하지만 정작 나는 여간 불편한 게 아니다. 주로 여자 손님들이 많은 곳이다 보니 남자인 내가 화장실을 가는 것은 눈치가 보이기 일쑤다.

하지만 지극히 자연스러운 생리적 현상을 누가 은밀한 것으로 만들었을까? 화장실에서 일어나는 모든 생리적 현상으로 인해 내 자신을 부끄러워할 필요가 없는 데도 말이다. '저는 유난히 소리가 크고 냄새가 심하답니다. 그러니 이해해주세요.' 이렇게 생각하는 것은 소심한 과대망상이라는 것이다. 아무리 튼튼한 벽이 세워져 작은 소리조차 들리지 않는, 완벽하게 나눠어 있는 화장실이라 할지라도 칸막이 너머에는 나와 마찬가지의 자세로 앉아 있는 사람이 있다는 것에는 차이가 없지 않은가. 그저 한 사람이 먹고 소화하고 몸 밖으로 내보내는 지극히 자연스러운 순간일 뿐이다.

그러나 우리는 감각기관을 통해 느끼는 것, 보이는 것에 너무 큰 지배를 받는다. 반대로 눈에 보이지만 않으면 그것이 마치 존재하지도 않는 것인 양 생각해버린다. 그러나 지금도 우리의 뱃속에서는 소화가 진행되면서 변(!)이 착실히 생겨나고 있고 배출되기 위해 가스들이 모여서 점점 더 큰 기포를 형성하고 있다고 생각해보라. 세상의 모든 사람들은 묵직한 변을 뱃속에 담은 채 걸어다닌다는 사실을 떠올려 보면, 잘난 체하며 사람들 앞에서 폼을 잡는 모습이 가식적으로 느껴진다면 그것은 지나친 비약일까. 우리는 결코 겉으로 드러난 모습으로 다른 사람보다 좀 더 우월하거나 고귀하다고 말할 수 없다.

화장실에 숨죽이고 앉아서 한 생각이라고 하기엔 좀 거창하고 뜬금없지만 아무리 훌륭한 일을 하는 사람이라도, 대단한 지위에 있는 사람이라도 이런 사실에서 예외일 수는 없기에 사람은 모두 평등하고 끝없이 겸손해야 한다고 생각한다. 모든 사람은 그저 똑같이 존중받고 이해되어야 할 사람일 뿐이다. 병원에서든 법정에서든 심지어 화장실에서조차도.

입구가 하나인 남녀공용의
제너럴 닥터 화장실.

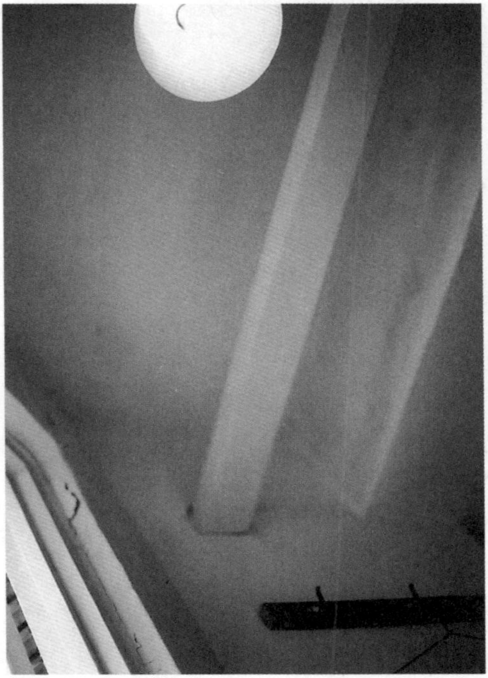

제너럴 닥터의 분위기는
전반적으로 낡았지만 밝고 은은하다.

위) 진료실 벽에 붙어 있는 칠판.
진료실을 알리는 저 칠판의 그림은 종종 바뀌곤 한다.
하지만 한 번도 진지한 그림이나 글이 있었던 적은 없다.

아래) 진료실의 문이다. 원래는 옷걸이였지만
천을 달아 저렇게 멋진 문으로 다시 태어났다.

생리 이야기❷
생리통에 대처하는 올바른 자세

생리통이 아무리 심해도 약을 먹기 꺼려하는 사람들이 은근히 많다. 그 이유도 가지각색이다. 생리통은 약을 먹으면 더 심해진다, 진통제를 먹으면 내성이 생긴다, 자꾸 먹으면 나중에 임신했을 때 안 좋다더라…. 심지어 진통제에는 중독성이 있다고 믿는 사람들도 있다!

물론 생리통이 있을 때 반드시 약을 먹어야 하는 것은 아니다. 다만 약을 먹든 먹지 않든 간에 제대로 알고 선택하는 것이 무엇보다도 중요하다. 약을 먹지 않고 증상을 완화시킬 수 있는 방법들은 여기저기에 많이 소개되어 있는데, 대표적인 것들은 다음과 같다.

① 푹 쉬자.

② 잠을 잘 자자.

③ 카페인 섭취를 줄이자.

④ 스트레스를 받지 말자.

⑤ 따뜻한 찜질을 하자.

이렇게 모두 할 수만 있다면 효과가 있는 것은 분명한 사실이다. 그렇지만 환자와 대화를 하다보면, 요즘 여자들(여학생들을 포함하여)이 위의 5가지 중 1가지도 제대로 지키기 어려운 것이 현실임을 알게 된다. 물론 그 옛날 우리 어머니 할머니들도 통증을 줄이기 위해 저런 호사를 누렸을 리 없다! 그래서인지 환자들은 위의 방법들에 대한 문의보다는 진통제에 대한 문의를 많이 한다. 진통제를 먹어야 할지 말아야 할지, 먹는다면 어떤 진통제를 먹어야 할지에 대해서 말이다.

진통제는 그 종류가 매우 다양하고 각각의 작용과 부작용도 차이가 있어서 일일이 설명하기 어렵다. 매달 진통제를 손에 들고 뭔가 고민을 하는 사람들에게 간략하게나마 진통제에 대해 이야기해볼까. 1편에서 설명했듯이 생리통의 주범은 바로 COX와 PG라는 녀석들이다.

대표적인 진통제들은 이 둘의 기능을 마비시켜 통증을 완화한다. (엄밀히 말하자면 진통제의 종류별로 기전이 모두 다르고, 효능과 부작용도 조금씩 다르지만 오늘은 COX와 PG에 집중하여 이야기하겠다.)

진통제는 COX의 작용을 억제함으로써 PG의 생산을 줄인다. 따라서 진통제를 복용하고 30여 분 정도의 시간이 흐르면 통증이 감소하기 시작한다. 일반적인 진통제는 대개 약효의 지속시간이 6~8시간 정도이기 때문에(진통제 마다 다르다) 일정한 시간 간격을 두고 복용해야 지속적인 효과를 볼 수 있다.

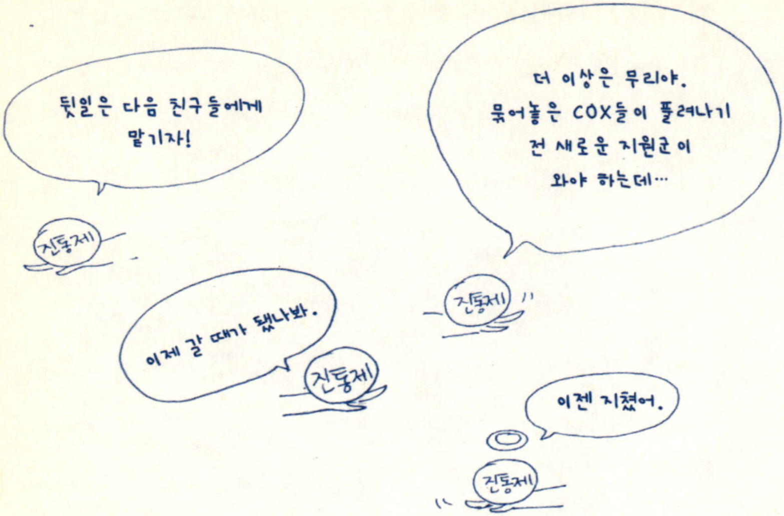

(두 번째 진통제가 제 시간에 도착하는 것이 중요하다!)

시간에 맞추어 약을 복용한다면 생리 첫날 혹은 이튿날까지 조금은 편안하게 보낼 수 있다. 하지만 '진통제를 여러 번 먹게 되면 내성이나 중독이 생긴다'고 믿는 사람들은 진통제를 1번 만 먹고 버티는 경우가 많기 때문에 제대로 된 효과를 경험하지 못한다.

매달 생리기간에 2일 정도 일정한 간격으로 정해진 용량을 복용하는 것으로는 내성이 생기지 않는다. 물론 중독되지도 않는다. 생리 기간 동안 참기 힘든 통증 때문에 직장이나 학교에서 제 역할을 제대로 하지 못하고 있다면 진통제에 대한 불필요한 두려움은 떨쳐 버리시라. 그러면 필요한 만큼의 진통제를 올바른 용법으로 복용하면서 생활의 질을 개선하고 스트레스로부터 벗어날 수 있다.

바둑이와 나비, 누가 더 똑똑할까?

덩치만 크고 왠지 멍한 표정에 나비에게 늘 밀리는 것처럼 보이는 바둑이에게 요즘 '동네 바보 형아'라는 별칭이 굳어져가고 있다. 하지만 과연 나비가 정말 바둑이보다 똑똑할까? 그렇다고 아이큐 검사나 학습 능력 테스트 같은 것을 해볼 수는 없지 않은가. 두 녀석에게 가위 바위 보를 시켜서 누가 더 머리가 좋은지 알아보는 것 또한 불가능하다.

하지만 일상생활 중에서 유심히 살펴보면 의외로 바둑이가 더 머리가 좋은 것 같기도 하다. 아니, 나비가 의외로 단순하고 무지막지하달까? 예를 들어 바둑이와 나비가 모두 좋아하는 생선 캔을 먹고 싶을 때면 바둑이는 직접 건드리는 경우가 거의 없다.

어떻게 해서든 나비가 먼저 건드리게 만드는데, 바둑이는 그 모습을 옆에서 지켜보거나 아니면 부추기는 것 같다. 그러다가 나비가 실수해서 큰 소리가 난다거나 그릇이나 화분이 떨어지기라도 하면 바둑이는 뒤도 돌아보지 않고 후다닥 도망을 친다. 나비는 그런 사고에는 개의치 않고 계속 먹을 것에 집중하고 있거나 가만히 움츠리고 있다가 소리를 듣고 달려 온 우리에게 혼이 나고 만다. 반면 이미 도망쳐버린 바둑이는 현행범이 아니므로 (나중에 잡혀서 혼나긴 하지만) 상대적으로 나비보다는 덜 혼나게 된다.

탁탁탁
영차
영차
화이팅!
툭
와장창

나비는 이런 일 때문에 여러 번 혼이 났고, 부엌에 들어오는 것을 우리가 엄격히 금지함에도 불구하고 같은 잘못을 반복한다. 반면 바둑이는 우리의 눈치를 살피면서 상대적으로 재빨리 도망치니 더 머리가 좋은 것이 아닐까 하는 생각이 든다. 물론 단순히 바둑이는 겁이 많고 혼나는 것을 싫어하고, 나비는 혼나는 것을 두려워하지 않는데다 자신이 하고 싶은 대로 하는 저돌적인 성격인지도 모른다. 그럼에도 불구하고 항상 재빨리 움직이고 주변상황에 대한 전체적인 이해력이 좋으며 종종 자신이 잘못한 것까지도 나비에게 뒤집어씌우는 바둑이를 보면, 바둑이가 나비보다 영리한 것이 아닐까.

정제닥과 김제닥이 만났을 때

요즘 제너럴 닥터에서 정선생님은 정제닥으로, 나는 김제닥으로 불리고 있다. 마치 초등학교 때 나도 모르는 사이에 재미있는 별명이 붙어버린 것처럼 말이다.

정제닥 선생님은 2008년 3월부터 제너럴 닥터를 나와 공동으로 운영하면서 많은 일을 하고 있는데, 아직도 고용의사라거나 아르바이트라거나 심지어 부인이 아닌가 하는 오해를 종종 받고 있다. 하지만 정제닥 선생님과 나의 관계를 묻는 질문에 가장 명확한 대답은 '동업자'라는 것 밖에는 없다.

정제닥 선생님은 사실 나와는 정 반대의 성격을 가지고 있다. 조심스럽고, 직관적이기보다는 합리적이고, 나서서 잘난 체를 하기보다는 조용히 실력을 발휘하는 편이다. 게다가 보수적인 편이다. 나는 그에 비해 조심성이 부족하고, 조급해 하는 편인데다가 직관적이고 감을 따르는 편이다. 잘난 체를 하고 말이 많고(그것을 좋아하고), 속은 비었어도 소리는 요란한 사람이다.

하지만 이렇게 다른 두 사람의 유일한 공통점은 "의미가 없으면 하지 않는다"는 것이다. 아무리 위대한 일일지라도, 꼭 해야만 하는 일이라 해도 스스로 의미를 모르거나 재미를 느끼지 못하면 잘 덤벼들지 않는다.

제너럴 닥터는 나의 무절제함과 계획성 없음으로 인해 사실 많은 문제를 안고 있었다. 하지만 정제닥 선생님이 손을 대기 시작하면서 정리가 되고, 차근차근 진행되는 일이 생기고, 직원들 간의 사이도 더 좋아지고, 심지어 인기 메뉴도 생겼다. 모범생의 힘일까, 정제닥의 인격 덕분일까. 분명한 것은, 정제닥 선생님이 없었다면 아마 제너럴 닥터는 지금의 모습을 만들어오지 못했을 것이라는 점이다.

언젠가 혼자서 정말 힘들어하면서 주문처럼 되뇐 말이 있다.

"A dream you dream alone is only a dream, but a dream you dream together is reality."(혼자 꾸는 꿈은 단지 꿈일 뿐이지만 함께 꾸는 꿈은 현실이 된다.)

오노 요코가 했다는 말인데, 이 말을 맨 아래에 적어두고 제너럴 닥터 블로그에 조용히 "의사 모집"이라는 글을 올렸었다.

정제닥 선생님은 우연한 기회에 제너럴 닥터에 오게 되었지만 분명한 것은 지금 제너럴 닥터에서 꾸는 꿈은 나 혼자만의 꿈이 아니라 점차 '우리의 것'이 되어간다는 점이다. 앞으로도 함께 꿈을 꿀 '우리'가 늘어나면서 우리가 만들어갈 현실도 더 흥미진진해질 것이다.

척추가 찍은 정제닥과 나비.

커피를 핸드 드립하는 정제닥.
자세가 좋구먼요.

김제닥은 기타를 칠 줄 안다. 칠 줄만 안다.
척추가 찍은 사진.

김제닥은 핸드 드립 커피를 만들고 사진도 찍고
요리도 하고… 항상 바쁘다(사실 바쁜 척한다).
블로그에 올리는 그림을 그리는 것은
요즘 제너럴 닥터의 중요한 일상이다.

바둑이와 함께.
새침한 표정의 정제닥.

바둑이 변천사

처음 바둑이를 만났던 날, 주먹만한 덩치에 몸을 제대로 가누지도 못해서 뒤뚱거리고, 털은 부드러운 솜뭉치처럼 보송보송했다. 얼굴의 반을 차지하는 커다란 눈망울이 마치 만화 속에서 금방 튀어나온 듯했고 너무나 과묵해서 '야옹' 소리를 안 내는 것은 아닐까 싶을 정도로 조용했다.

또랑또랑한 눈빛
동그란 얼굴형
천진난만한 표정

바둑이가 제너럴 닥터에 온 지도 벌써 6개월이 다 되어간다. 바둑이는 하루가 다르게 쑥쑥 자랐고, 이제는 거의 어른 고양이 모습에 몸매는 근육질이기까지 하다. 변의 크기와 냄새마저 부쩍 어른스러워져서 조금 부담스럽기도 하다. 방귀와 트림도 서슴지 않는다.

멋있어진 바둑이의 모습이 내심 자랑스럽기도 하지만, 예전처럼 쉽사리 낚이지 않고, 잘 놀아주지 않고, 만사가 귀찮다는 듯 심드렁한 표정의 바둑이를 보고 있으면 가끔은 예전의 바둑이가 그립기도 하다.

반만 뜬 눈
길쭉한 얼굴형

바둑이는 항상 어딘가를 바라보는 듯하지만 그게 무엇인지는 알 수 없고, 먹고 싶은 게 있을 땐 다채로운 톤으로 알 수 없는 소리들을 중얼거린다. 괜스레 다가와서 비비적거리기도 하고, 때론 곰 인형과 밀회를 즐기다 들켜서 난감한 표정을 짓기도 한다.

요즘엔 급기야 나비를 바라보는 눈빛도 심상치 않다. 바둑이는 앞으로도 더 클 것 같다는 지인들의 예견에 부응하여 지금도 계속 자라고 있는 중이다.

내년 이맘때 즈음이면 바둑이 주니어를 통해 이전의 바둑이의 또랑또랑했던 눈빛을 다시 볼 수 있지 않을까.

척추가 찍은 사진.
바둑이의 곰인형 OO 장면 포착.

나비가 오기 전에는 바둑이의 유일한 친구는 곰돌이 인형이었다. 환자 침대에서 널브러져 잘 때도 함께하던 두 녀석의 모습.

건강의 비결은 수도꼭지?

우리는 종종 '건강'이라는 개념 자체의 모호함 때문에 혹은 여러 다른 이유로 올바른 선택을 하지 못하고 제자리에서 맴돌기만 하며 시간을 허비하는 경우가 많다. 노력은 노력대로 하고, 돈은 돈대로 많이 쓰는데 왜 건강은 그다지 나아지지 않는지에 대해 고민하는 사람들을 진료실에서 자주 만난다. 그들에게 이런 저런 방식으로 '일상생활 속 건강관리'의 소중함을 설명하곤 하는데, 얼마 전 세수를 하다가 문득 이런 생각이 들었다. 엉뚱하게 들릴지 모르겠지만 건강의 비결은 수도꼭지에 있다!

수도꼭지는 뜨거운 물과 찬 물이 따로 나오면서 섞이게 되어 있다. 찬 물과 뜨거운 물을 따로 조절하는 방식의 수도꼭지도 있고, 하나의 손잡이로 양쪽 물의 양과 온도를 동시에 조절하는 수도꼭지도 있다.

그런데 이 작은 손잡이 한두 개로 뜨거운 물과 찬 물의 양을 적절하게 맞추기란 생각보다 쉽지 않다. 물을 틀어놓고 멍하니 있다간 갑자기 쏟아져 나오는 예상치 못한 뜨거움 때문에 오도방정을 떨기도 하고, 반대로 급히 온도를 낮추다가 얼음같이 찬 물에 또 다른 방식의 오도방정을 떨기도 한다. 이런 과정을 몇 번 반복하다가 드디어 적정 온도를 맞추게 된다. 아주 적당한 온도의 물이 나오면 그제서야 편하게 세수를 할 수 있다.

수도꼭지의 원리는 정말 단순하다. 찬 물과 뜨거운 물의 양을 조절해서 잘 섞으면 적당한 온도의 물을 만들어낼 수 있다. 하지만 우리는 원하는 정도와 조절된 물의 온도가 일치하는지 미리 정확히 판단할 수 없고 손을 대봐야만 잘 맞추었는지 않은지 판단할 수 있다.

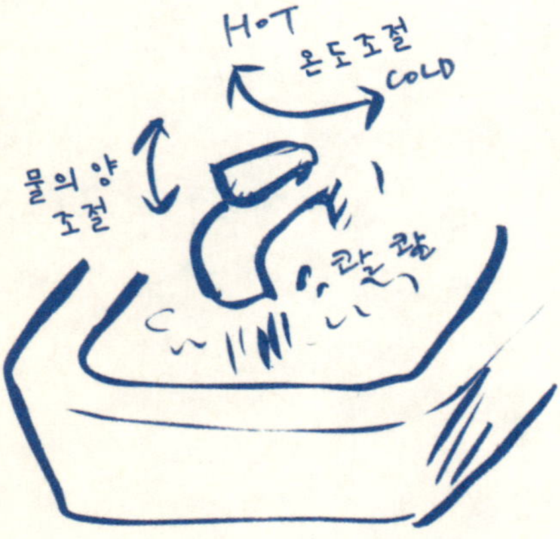

앗 뜨거~!
오마이갓
크악
화끈
화끈

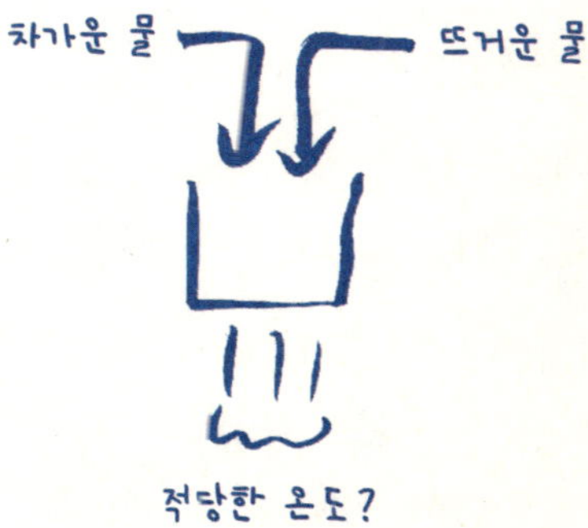
차가운 물
뜨거운 물
적당한 온도?

우리는 양쪽에서 흘러나오는 물이 각각 뜨거운지 차가운지 명확히 알고 있다. 이와 마찬가지로 건강에 도움이 되는 것들과 도움이 되지 않는 것들이 무엇인지도 잘 알고 있다. 그래서 우리는 늘 몸에 좋다는 것에는 한없이 약하고, 눈에 불을 켜고 찾기도 한다.

하지만 우리 몸에 나쁜 줄 뻔히 알면서도 그것들을 버리지 못하고 놓지 않으려 한다. 담배와 술을 즐기고 매일 과로하는 환자에게 잘한다고 박수쳐 줄 의사는 없다. 하지만 (의사를 포함한) 사람들은 모두 어느 정도 '알면서도 버릴 수 없는' 건강에 도움 되지 않는 요소들을 가지고 있다. 의사는 매정하게 건강에 도움 되지 않는 것들을 없애야 한다고 지적할 수밖에 없지만 현실적으로 그것은 매우 어렵다. 그래서 '조절'이 가장 중요하다.

수도꼭지의 손잡이를 잘 조절해서 양 쪽 물의 양을 조절하는 것처럼, 건강에 도움이 되는 요소들과 도움이 되지 않지만 현실적으로 버릴 수 없는 요소들의 조절이 중요하단 말이다. 양쪽을 1대 1로 비교할 수는 없지만 단순화해서 도식적으로 생각한다면 '건강'과 '불(不)건강'은 다음과 같을 것이다.

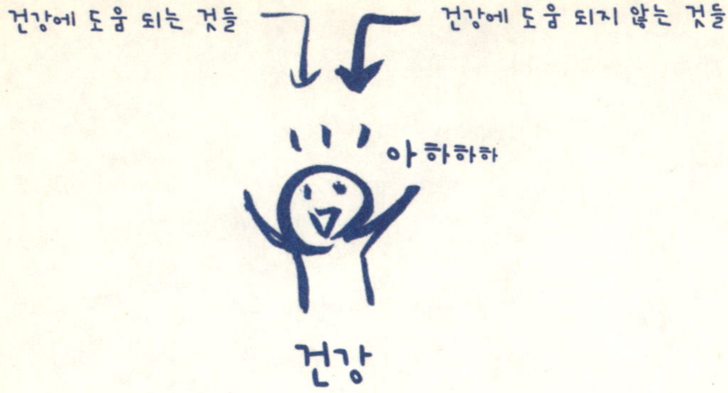

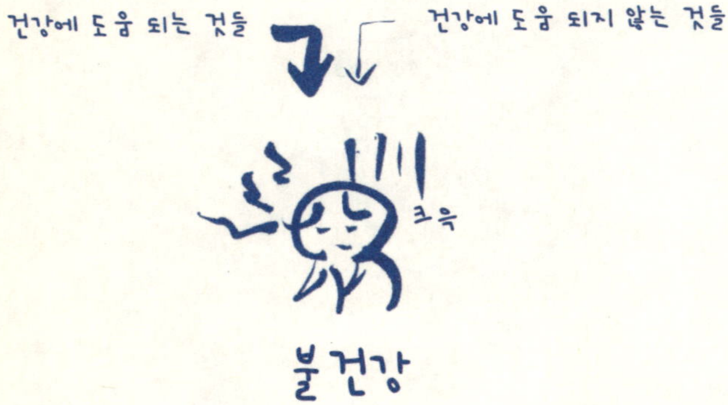

그런데 어떤 경우에는 건강을 위한 노력과 몸에 해로운 습관들을 엇비슷하게 가지고 있는 사람들도 있다. 이들은 종종 이렇게 불만을 토로하곤 한다. “나는 왜 남들보다 건강에 신경 쓰는데도 항상 이런 문제가 있는 거지?” “왜 나만 이렇게 아프지?” 이런 사람들을 진료실에서 만났을 때 우선 해야 할 일은 그들 자신을 돌아보게 하고 버리지 못하는 나쁜 요소들을 얼마나 가지고 있는지 확인하는 것이다.

만성적인 소화불량이나 호흡기 질환, 피부 질환, 알레르기 등 일상적인 건강 문제를 호소하는 대부분의 경우에는, 문제의 핵심이라고 할 만한 요소들을 몇 가지는 꼭 가지고 있다. 물론 질병이 꼭 나쁜 습관이나 환경에 의해서만 생기는 것은 아니다.

질병 발생을 설명하는 역학적 모델에 따르면 질병은 '병인-숙주-환경'이라는 세 요소의 작용에 의해 발생한다. 자신이 아무리 좋은 습관만 가지고 있고, 나쁜 것은 모조리 피한다 하더라도 숙주 요인에 의해 다른 사람들보다 쉽게 질병이 발생할 수도 있다.

하지만 숙주 요인이 나쁘더라도 병인이나 환경 요인을 통제하면 질병 발생을 피하거나 억제할 수 있다. 이와 관련해 '수도꼭지 이론(?)'에서 설명하고자 하는 것을 정리하자면, 질병 발생의 요인 중 환경 요인을 통제하는 것이 중요하지만 쉽지 않다는 것이다. 하지만 자신이 가진 나쁜 환경 요인을 인식하고, 좋은 환경 요인과 나쁜 환경 요인의 '조절', 즉 환경 요인을 잘 통제한다면 자신의 건강에 대한 막연한 오해는 충분히 해소할 수 있다는 것이다. 건강의 비결이 별 것 아니라고 한다면, 나는 수도꼭지 앞에서도 찾을 수 있기 때문이라고 생각한다. 당신은 어떤 건강비결을 알고 있는가.

말수가 적은 바둑이는 강하다

바둑이는 무척 활발한 고양이지만 수다스럽지 않다. 물론 고양이의 야옹거림이 어떤 의사표시인지는 모르겠지만 잘 울지 않는다. 바둑이가 야옹거리는 것을 들으면, '아, 이 녀석은 분명 무언가 말하고 있구나' 라고 생각한다. 다만 내가 알아듣지 못 할 뿐이지.

다른 고양이들은 어떨지 모르겠지만 바둑이와 오래 있으면 거의 말을 하지 않는다는 것을 알게 된다. 밥 달라고 할 때, 화장실에 갈 때, 심심하다고 놀아달라고 할 때, 혼자 놀면서 웅얼거릴 때를 제외하고는 거의 소리조차 내지 않는다.

바둑이가 정말 말수가 적다고 느낄 때는 나와 놀 때이다. 바둑이는 사람의 손을 자기 친구 쯤으로 생각하는지 항상 그 움직임에 집중하고 달려들어서 물면서 논다. 나는 이 놀이를 즐기는 편이라서 바둑이가 두 눈을 크게 뜨고 귀를 납작하게 한 채 지치지도 않고 손을 향해 뛰어드는 것을 계속 반복하게 한다. 바둑이가 손에 덤비면 몇 번 물려주다가 바로 공중제비 두 바퀴를 돌리고, 다시 덤비면 또 공중제비, 또 덤비고….

바둑이의 배를 간지럽힐 때도, 공중제비를 돌릴 때도, 우리 둘 사이에는 한 마디 말도 없다. 과묵한 녀석. 그저 조용히 숨만 몰아쉬면서 놀이에 집중한다. 바둑이는 살아남으려 안간힘을 쓰고, 나는 조금이라도 덜 물리려고 안간힘을 쓰는 것이다. 바둑이는 절대 비명을 지르며 도망가는 일이 없다. 내가 아무리 공중제비를 돌려도 한 마디 소리도 없이 지치지 않고 덤벼든다.

휙—
콱
끄악

휙
빙글
털썩
팍
팍
팍
너 괜찮냐?
ㅋㅋㅋ

말수가 적고, 지치지 않으며 행동이 앞서는 바둑이에 비해 나는 어떤 인간일까. 나는 말이 많다. '말 많은 자 말 많으니 말 많다 하도다'라고 하는데, 나는 달변은 아니지만 다변이다. 짧게 한 마디로 끝낼 수 있는 말도 수 십 개의 문장을 이어 수필 한 편으로 만들 수 있을 정도다. 말이 많은 자, 시끄러운 자, 요란한 자는 약한 사람이다. 또한 말이 많은 자는 제대로 알지도 못한다. 자신의 나약함과 무지를 감추기 위해 더욱 많은 말과 논리로 나를 감싸고 막는다. 게다가 그렇게 하고도 모자라서 다른 사람의 말을 밟고 나의 말을 세우기에 몰두하기도 한다.

인간 중에서 한없이 약하고 시끄러운 존재와 고양이 중에서 한없이 강하고 조용한 존재가 만나 함께 살아가는 곳이 바로 제너럴 닥터이다. 마침 수준이 서로 맞기 때문에 우리는 그렇게 조용히 서로의 발톱을 드러내고 뒤엉켜 놀 수 있는 것이다. 바둑이가 온 힘을 다해 덤빈다면, 나는 아마 바둑이에게 질지도 모른다. 바둑이는 강하다. 말없는 자는 강하다.

바둑이와 나비는 종종 똑같은 자세로
잠을 자서 우리를 놀라게 한다.
우리는 이 광경을 '바둑이와 나비의
싱크로나이즈드 슬리핑'이라고 불렀다.

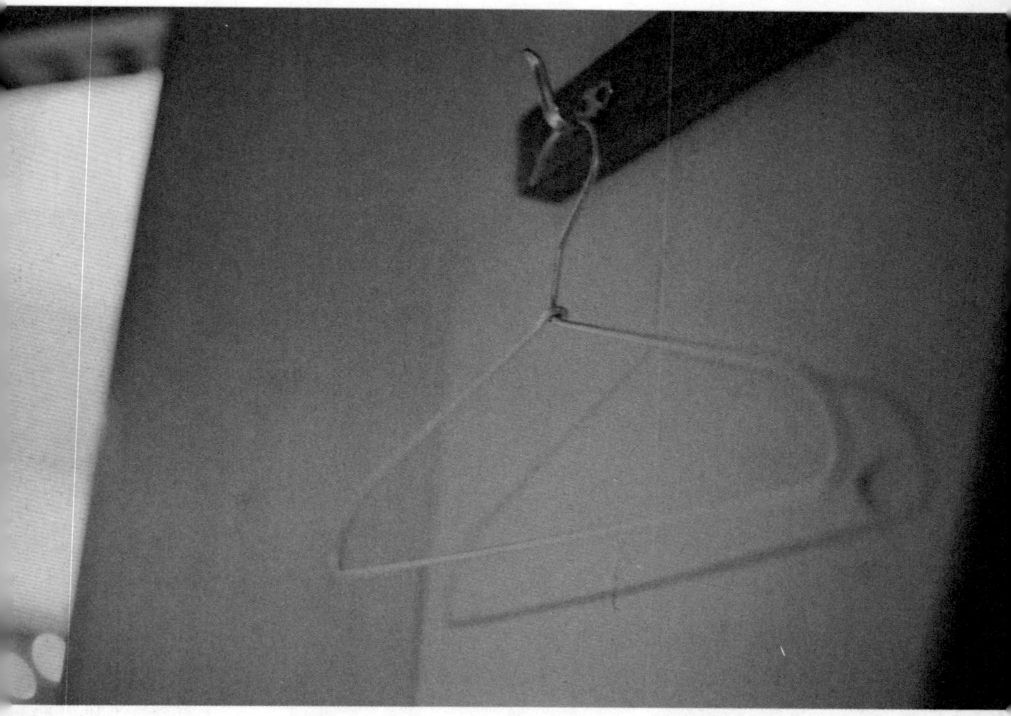

옷걸이에는 가끔 내가 빨래한 셔츠가 걸리기도 한다.
마치 '여기에는 진짜 사람이 살아요'라고 알리는 듯이.

손님들은 종종 여기저기 놓여 있는 크레파스나
펜으로 그림을 남겨놓고 간다. 어느 날 발견한
이 귀여운 그림은 냅킨에 그려져 있었다.

의사의 불행한 숙명

임상의사는 환자 보는 일을 한다. 임상의사는 하루 종일 사람을 만나고 사람들에게 무언가를 해주고 사람들의 이야기를 듣는다. 그런데 만나는 사람은 모두 '환자'다. 하루 종일, 어디가 아파서 오셨어요? 무슨 문제가 있어서 오셨어요? 그 때 그건 좀 어때요? 아직 별로 낫질 않았나요?… 이런 말로 사람들과 대화를 시작한다. 이렇게 하루하루를 보내는 것이 의사의 일상이고, 그러다 보니 의사의 숙명은 외롭고 쓸쓸하다.

늘 아픈 사람을 봐야 하고, 아픈 사람이 나으면 이제 다시 볼 일이 없다. 그리고 그 사람이 다시 아프면 또 본다. 세상에 아픈 사람이 없다면 의사는 망해서 없어져버릴 것이라고 쉽게 이야기하듯, 의사는 사람들과 늘 아플 때의 이야기를 하고, 아픈 것을 어떻게 없앨까를 고민하지만, 대부분의 경우 아픈 것이 해결되면 의사는 그 사람에게 더 이상 필요 없는 사람이 된다.

의사에게서 "이제는 괜찮으니까 안 오셔도 됩니다"라는 말을 듣는 것은 병원을 찾은 사람들에게는 가장 바람직한 상황이지만, 의사에게는 좋은 사람 한 명과 어쩔 수 없이 작별해야 하는 상황이기도 하다. 아무리 친구가 되고 싶은 좋은 사람이라도 환자일 때만 만나 병에 대한 이야기만 나누는 이런 일이 반복되면서 나이를 먹어가는 것이 의사라는 직업이다. 어쩌면 의사는 눈앞의 환자를 그저 한 사람의 인간이나 친구가 될 수 있는 사람으로 보는 법을 점점 잊어가는 것이 아닐까?

우리나라 의사의 직업 만족도가 매우 낮다는 것은 사실 새삼스러운 소식이 아니다. 내가 카페와 병원을 같이 하는 이유는 바로 이것을 해결하기 위한 시도이다. 단순히 돈을 더 많이 벌어서 행복해지는 것이 아니라 의사가 의료행위를 하면서 그 과정에서 행복을 느끼는 새로운 모델을 만드는 것이다.

의사가 늘 만나는 사람이 '환자'가 아니라 정말 '사람'이 될 수 있는 환경을 만든다면, 일부러 친해지려는 억지 노력을 하는 게 아니라 자연스럽게 사람들 속에서 일상을 함께 겪고 좋아하는 사람들과 웃고 이야기하며, 혹은 힘든 이야기까지 나누며 지낼 수 있다면 그보다 좋은 일이 또 어디 있겠는가? 정말 친구가 된 사람이 자신의 진료실에 앉게 될 때 누가 가르치지 않아도, 노력하지 않아도 자연스럽게 한 사람의 인간으로 바라볼 수 있지 않은까.

물론 대학병원과 같은 시스템에서는 의사와 환자가 친구가 되는 일이 어렵다. 게다가 친구가 되면 오히려 판단에 영향을 줄 수 있어 위험하다고 말하기도 한다. 하지만 1차 진료기관, 즉 동네 병원에서는 전문성보다 일상성이 더 중요하니 의사와 환자가 친구가 되는 것에 대해 두려워하기보다는 긍정적으로 고민해야 할 부분이다. 그리고 제너럴 닥터가 이런 문제의 완벽한 모범 답안이 될 수는 없다 하더라도 참고할 만한 사례가 되길 바란다.

모호한 사람들의 모호한 이야기

일상적인 이야기를 할 때 우리는 모호한 표현을 쓸 때가 많다.

이런 대화는 이야기를 듣는 사람으로 하여금 불필요한 상상을 하게 만든다. 물론 일상적인 상황에서는 별로 심각한 문제가 되지는 않는다. 오히려 너무나 분명하고 오차 없는 표현만 오고간다면 숨이 막힐

지도 모른다. 하지만 진료를 할 때 의사나 환자가 특별한 인식 없이 모호한 표현을 한다면 이것은 문제가 되기 쉽다. 두통이 있는 A씨의 경우를 예로 들어보자.

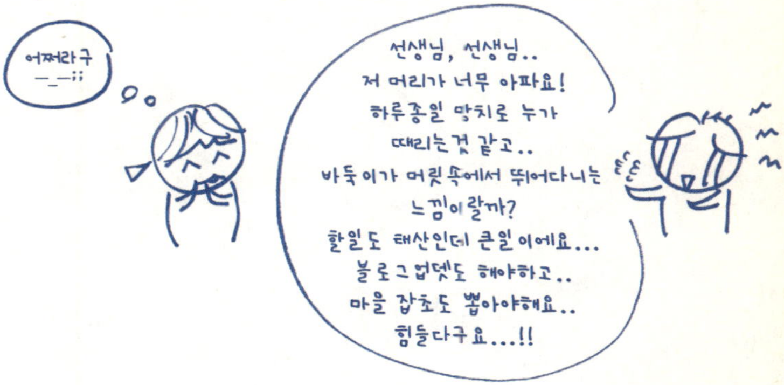

음, 바둑이가 머릿속에서 뛰어다닌다거나 잡초를 뽑아야 한다고까지 하면 의사에겐 무척 난감한 상황이 되어버린다. 보통의 경우에도 환자들은 두서없이 모호한 표현들로 증상들을 나열하기에 바쁘기 때문에, 의사들이 그 중에서 객관적 정보나 의학적 판단을 이끌어내려면 상당한 추리를 해야 한다. 그리고 이 과정에서 실제 환자의 상태와 의사의 이해 사이에 차이가 생겨난다. 하지만 의사 쪽의 표현도 만만치는 않다.

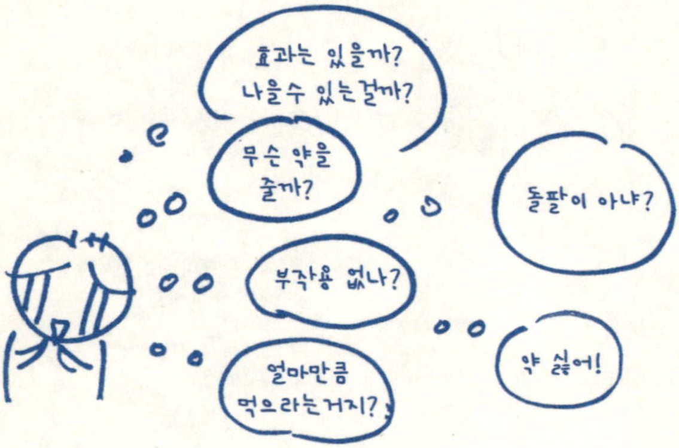

환자의 증상 표현에 이어지는 의사의 말(주로 치료방법이나 계획)도 환자 입장에서 듣기에는 너무나 짧고 상당히 모호한 경우가 많다. 환자 역시 많은 혼란을 겪게 되고, 이는 불필요한 상상으로 이어질 수밖에 없다.

이런 대화가 이루어지게 된 데는 여러 이유가 있겠지만, 모호함으로 가득한 대화는 진료의 효율성을 떨어뜨릴 뿐 아니라 환자와 의사

간의 신뢰관계에도 부정적인 영향을 미친다. 설령 아무리 진료를 길게 한다 해도 제자리를 맴돌 뿐 무언가 얻어낼 수 있는 것은 많지 않게 된다. 따라서 진료과정에서는 어떤 식으로든 이런 모호함을 최소화하려는 방향에서 접근해야 한다.

너무 길어서 비효율적으로 보이는 제너럴 닥터 식 대화 위주의 진료는, 역설적으로 환자와 의사 간의 모호함을 해소해 진료의 효율성을 높이기 위한 노력이다. 앞서 "바둑이가 머릿속에서 뛰어다닌다"며 그저 "머리가 아파요"라고만 말하는 제너럴 닥터의 환자는 다음과 같은 질문공세를 피할 수 없다.

이 정도만으로도 충분히 질리겠지만 누구나 병원 진료실에서 나올 때 "아, 이거 또 얘기 못했네" 하지 않도록 이런 방향의 질문도 한다.

이렇게 다양한 방향에서 집요하게 질문을 이어가면, 환자는 대답하기 위해 자신도 깊이 생각하지 않았던 부분까지 되짚어 생각하게 된다. 환자는 자연스럽게 자신의 두서없던 표현을 정리하게 되고, 예전엔 알지 못했던 증상이나 상황 간의 연결점을 찾기도 한다. 의사도 치료 계획을 세울 때 최대한 모호함을 없애는 것이 중요하다.

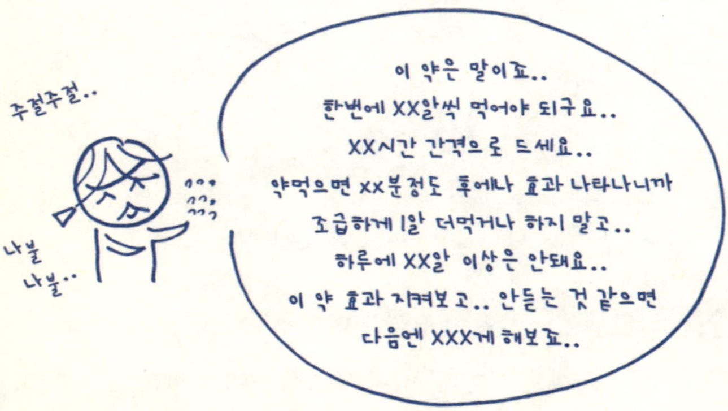

현재의 상태와 앞으로의 치료 계획에 대해 명확한 설명을 해주어야만 치료 효과나 속도가 환자의 기대에 미치지 못하더라도 자의적인 판단으로 진료를 종결해버리는 일을 피할 수 있다. 처음 진료와 처방을 내린 며칠 뒤에 다시 진료할 할 때면 간혹 이런 환자가 있다.

뭔가 나아지긴 하는 것 같다고는 하지만 증상의 정도에 대한 기준이 없기 때문에 극심한 혼란을 겪고 있는 환자. 좀 더 명확함이 필요한 이런 환자에게는 엄청나게 귀찮은 숙제를 내준다.

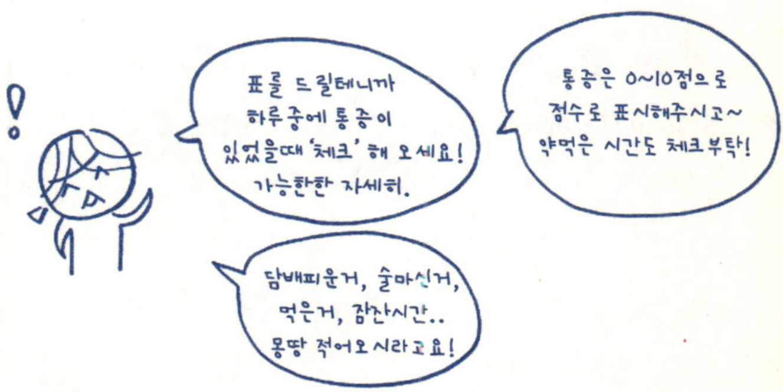

자신의 증상과 관련된 상황들, 그리고 증상의 정도를 객관화하고 기록하기 위한 과정인데, 나 같으면 질려서 못 할 것 같은 귀찮은 숙제임에도 신기하게 우리 환자들은 제법 잘해 오는 편이다(물론 밀린 방학숙제 하듯 구석자리에서 벼락치기로 일주일 치를 쓰는 사람도 간혹 있다). 그리고 귀찮은 숙제를 마친 환자들은 하나같이 신기해한다.

자신의 증상을 확실히 알게 되고, 증상의 악화요인이나 완화요인 등에 대해 스스로 이해하기 때문이다. 이런 과정을 통해 보다 포괄적으로 이해하게 되면 환자의 태도는 더욱 적극적으로 발전하고, 자신의 질병과 증상에 대해 좀 더 명확한 기준을 세울 수 있게 된다. 더 나아가 막연한 두려움으로 힘들어하는 것이 줄어든다.

사실 이런 진료방식은 의사들에겐 익숙한 '정량화와 객관화'를 환자에게 요구하는 것일 뿐 완전히 새로운 것은 아니다. 하지만 '환자와 의사간의 상호성'을 지키는 대화를 한다는 점에서 기존의 진료과정과는 차별성이 있다. 진료과정에서 상호성을 지켜 나가는 대화를 하기 위해서는 의사와 환자 모두의 노력이 필요하다. 의사는 환자의 모호한 표현을 무시하면서 의사의 객관적 접근만을 강요하는 것이 아니라, 환자의 표현 배후에 있는 사실들의 관계를 함께 찾아보자는 방향성을 지켜내는 것이 중요하다.

환자는 자신의 증상이나 힘든 것에만 집중할 것이 아니라 의사가 판단한 객관적 사실들에 대해서도 귀 기울여 들어야 한다. 보다 많은 진료 자료가 누적된다면 이런 환자와 의사간의 상호성에 기반한 진료를 통해 모호함을 해소하는 것이 효과적이라는 연구가 이어질 것이다.

두려움을 소비하는 사회

요즘 '사태'나 '파동'이라는 꼬리말을 가진 이야기들을 자주 접하게 된다. 멜라민 사태, 초등학교 급식 파동, 연예인의 잇단 자살, 광우병 파동, 쇠고기 파동…. 어쩌면 우리는 정말 스멀스멀 다가오는 죽음이나 인류의 멸망을 눈앞에 두고도 모른 채 바보처럼 살고 있는지도 모른다.

하지만 우리 사회가 이렇게 강한 흐름 속에 휘청거리고 있는 것에는 다른 요소도 작용하고 있는 것이 아닐까. 바로 두려움 말이다. 두려움은 누구나 피하고 싶어 하는 대상이긴 하지만 역설적으로 우리는 두려움을 열심히 생산하고 소비한다. 무서운 이야기를 들으면 소리를 지르면서도 자꾸 호러 영화에 끌린다거나 위험천만한 놀이기구를 즐기는 것을 보면, 아마 두려움을 생산하고 소비하는 것은 인류의 역사가 시작된 이후로 계속 있어 온 자연스러운 현상이 아닐까. 하지만 요즘은 두려움의 생산과 유통, 소비가 강화되고 규모가 지나치게 커진 것처럼 보인다. 어쩌면 '두려움'은 누구나 가지고 싶어 하는 명품 백처럼 이 시대의 가장 강력한 상품이 되어버린 것이 아닐까.

다른 어떤 곳보다 의료 산업에서 두려움의 힘은 극대화된다. 사람들은 건강 정보를 통해 쉽게 두려움을 가지게 되고, 알면 알수록 안심하기보다는 그 많은 문제들을 몰랐던 자신을 자책하며 자신과 가족의 건강을 위해 어떠한 소비를 하려고 한다. 더욱 문제가 되는 것은 두려움은 자연스럽게 생겨나 소비되기만 하는 것이 아니라 누군가에 의해 의도적으로 생산되면서 급속도로 전파된다는 점이다. 그것도 매우 객관적인 정보 제공의 방식을 통해서 말이다.

그래서 많은 사람들이 필요성을 깨닫기 바라면서 주로 회사의 서비스나 제품이 해결해주려는 '문제'에 대해 중점적으로 정보를 제공한다. 예를 들어 어떤 회사가 건강 관련 제품이나 서비스를 기획하고 판매할 때는 많은 정보 제공을 하는데, 그 이유는 물론 제품이나 서비스의 판매를 위해서이다. 회사가 제공하는 제품이나 서비스의 가치에 대해 사람들에게 알리기 위해 정보를 제공한다고 편하게 생각할 수도 있다. 하지만 절대적 '필요성'을 부각시키기 위한 노력인 셈이다.

이게 잘 먹히려면 XX와 OO가 무엇이고
왜 안좋은지에 대해 부각시켜야 한다.

일단 언론에 이런 정보가 제공되면 좋은 뉴스거리가 되기 때문에 언론은 매우 자극적으로 다루려 한다. 통계나 연구의 사실 여부나 절대성보다는 이슈가 될 수 있는 소재인지를 더 중요하게 따지다 보니, 당연히 '사망 원인'이나 '무서운 진실' 류의 자극적인 내용을 그럴듯한 숫자와 어려운 단어로 포장해서 퍼트린다.

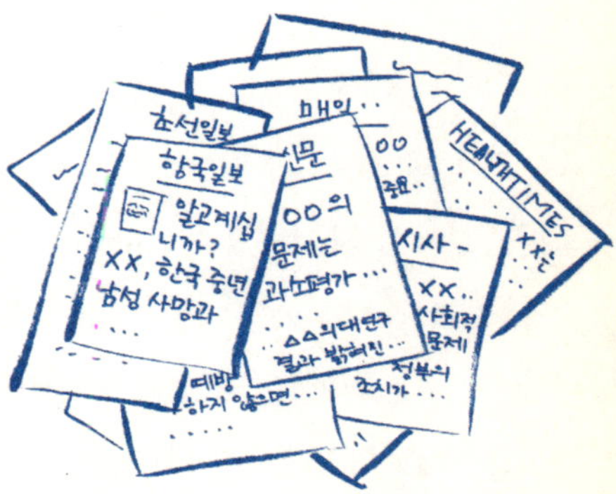

사람들은 수십 년째 외로이 살아가는 노인의 감동스토리나 이름도 모르는 어느 나라의 범죄율보다는 나와 가족의 건강에 대한 뉴스에 민감하기 때문에, 뉴스로 보도된 내용을 재빨리 학습하면서 머리에 새기고 진실처럼 받아들인다. 하지만 학습의 결과로 쌓인 지식들은 사람들의 머릿속을 더욱 혼란스럽게 만들어 결국 두려움을 점차 강화시킨다. 그리고 상황이 무르익으면 애초에 정보 제공을 했던 쪽의 의도대로 제품은 활활 타오르는 두려움의 불길 속에서 강한 소비를 폭발시킨다.

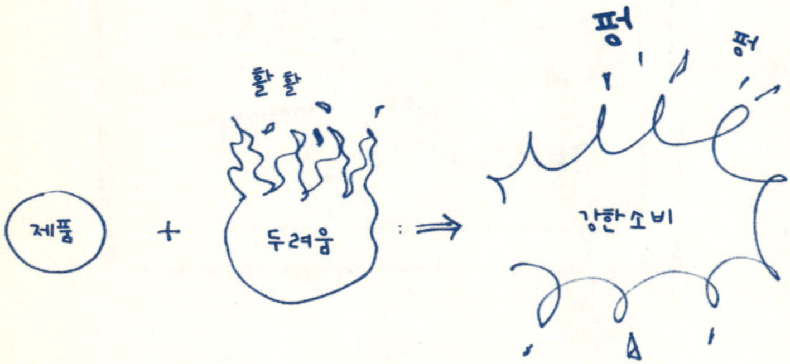

이쯤 되면 제품이나 서비스가 두려움을 자극하기만 하면 사람들은 소비를 한다. 그래서 표면적으로는 제품이나 서비스를 소비하는 것 같지만, 진짜로 소비하는 대상은 이면에 있는 두려움 그 자체라고 볼 수 있다. 소비를 통해 두려움의 불길을 끄려고 한다는 표현이 더 정확하겠지만 사람들의 바람과는 달리 이런 식의 소비로는 불길을 끌 수 없다. 오히려 점차 이런 프로세스가 반복되면 사회는 점차 해소되지 않은 두려움에 예민해지고, 급기야는 두려움에 중독되어간다. 그러다가 두려움을 촉발하는 사건이 발생하고 이와 관련한 정보가 다시 쏟아지기 시작하면 사회는 마치 두려움의 버튼이 눌려버린 것처럼 걷잡을 수 없이 폭주하게 된다.

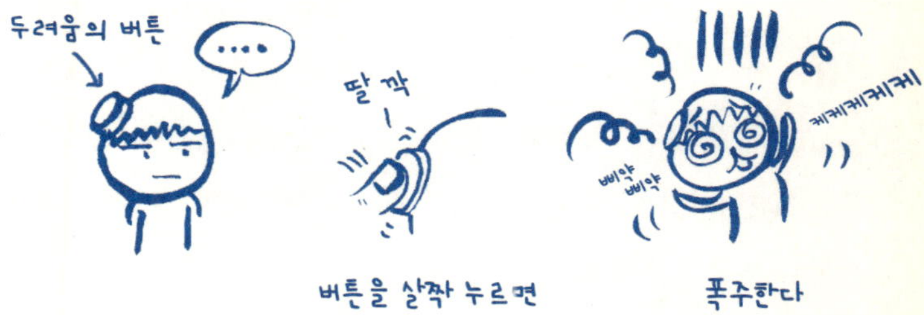

이때는 아무리 객관적인 정보를 제공해도 사람들의 두려움을 해소할 수 없다. 이미 오랜 시간 뿌리 깊게 박혀버린 불신과 두려움은 마치 공기나 물처럼 너무 자연스러운 것이 되었기 때문이다. 멜라민 사태, 광우병 파동, 연예인의 자살…. 누구도 원하지 않았던 폭주와 혼란은 어느 순간 사라진 듯 하지만 어딘가에 깊이 자리하고 때를 기다리고 있을 것이다. 여러 기관에서 자율적인 노력을 기울이며 바른 정보를 제공하기 위한 시도를 하고 있지만 사회 전반에 만연한 두려움을 누그러뜨리기에는 역부족이다.

그러니 의사들은 당연하거나 어쩔 수 없다고 생각하는 병원 홍보나 시술 광고, 질병의 안내("당신의 ---, 건강하십니까?")가 미치는 사회적 영향에 대해 더욱 신중하게 생각해야 하지 않을까. 기업 역시 두려움을 통한 손쉬운 마케팅 대신 긍정적인 지향점을 설정하는 방식으로 접근해야 하지 않을까.

하지만 모든 의사들과 기업들에게 이런 것을 기대하기에는 무리가 있다. 이 바보 같은 수레바퀴는 인류와 함께 늘 굴러왔으니 앞으로도 굴러갈 것이고, 의사와 기업들은 계속 이 일을 할 것이다. 하지만 적어도 '우리가 생산하고 소비하는 주 대상이 사실은 두려움'이라는 것만이라도 깨닫는다면 이 바보 같은 생산과 소비의 바퀴도 조금은 그 회전 속도를 늦추게 될 것이다.

감사합니다

하늘에 계신 우리 아버지, 김제닥과 정제닥의 가족들, 특히 김제닥의 형님과 정제닥의 어머니, 제닥의 매일매일 시트콤 이번 시즌 출연진인 꽃닢 씨, 레고 씨, 선아 씨, 세희 씨, 척추, 조작가님, 범석 씨, 창님, 혜령 씨, 바둑이와 나비, 요즘은 얼굴 보기 힘든 순구 씨, 더블 하모니 박실장님, 홍순철 대표님, 이휘준 감사님, Tom과 그의 친구들, 도요님, 헤돌 할아버지, 나봉국 선생님, 제닥의 하루를 함께 만들었던 예전 식구들, 지금도 제닥을 응원하며 지켜봐주시는 많은 분들께 감사드립니다.

순서대로)
세희 나라의 공주님이신,
그리고 제너럴 닥터의 든든한
매니저가 된 세희 씨.
뭐가 저리 불만이실까.

잠시 휴가 중인 제너럴 닥터의
영원한 가족 레고 씨(척추가 찍은 사진)

제너럴 닥터를 하면서 이휘준 감사님처럼
소중한 사람들을 많이 만났다는
점이 가장 좋다.

얼짱 각도로 포즈를 취한 선아 씨.
그러나 설거지 중이다.

우리보다 오래 전부터 홍대에 있었던
꽃닢 씨는 대단한 내공의 소유자이다.
이런 분이 우리에게 도움을 주고 있다는
게 감사할 뿐이다.

제너럴 닥터의 가장 오랜 가족이자
지지자인 척추.

제너럴 닥터의 단골이자 응급시
아르바이트 요원 및 영업사원인
재윤 씨(일명 창-님).

잔다르크처럼 대의를 위해 한 몸
불사르겠다며 우리와 함께 하시는,
든든한 홍순철 대표님.

언제인가부터 제너럴 닥터에서 없어서는
안 될 분이 되었다. 우리가 가장 좋아하고
고마워하는 조수진 작가님.

지은이

김승범(=김제닥)

자신의 참모습을 잃지 않고 행복한 의사가 되는 길을 찾기 위해 공중보건의 생활을 마친 뒤 2007년 5월, 홍대앞에서 제너럴 닥터를 시작했다. 세상에서 가장 자유로운 직업이라고 생각해서 의사가 되었으나 인간적인 의료와 소통, 의료 디자인과 커뮤니케이션 연구에 골몰해 있다. 자유로운 것을 좋아하지만 학교생활은 고분고분 잘하는 편이었고 어릴 때부터 불평과 불만이 가득했으며 고지식한 성격이었다. 같은 것보다는 다른 것을 좋아하고 잘난 체 하는 것을 좋아한다. 지는 것과 속는 것을 싫어한다.

정혜진(=정제닥)

대학 병원에서 비뇨기과 레지던트로 평범하게 살아가던 중 운명적으로 제너럴 닥터를 만나 전문의의 길을 접고 제너럴 닥터에 합류했다. 그리고 이제는 제너럴 닥터 가족의 든든한 엄마 역할을 하고 있다. 제너럴 닥터와 같은 행복한 병원을 더 만들어서 많은 의사와 환자들이 병원 안에서 편안함과 즐거움을 느낄 수 있게 해주고 싶다. 먹는 것과 요리하는 것을 좋아해서 늘 실험적인 요리를 시도하곤 하는데, 항상 군말 없이 먹어주는 착한 제너럴 닥터 식구들에게 늘 감사한 마음뿐이다.